동기를 부여하는 지도자

네비게이토 선교회는
국제적이며 복음적인 기독교 기관이다.
예수 그리스도께서는 자기를 따르는 자들에게
"너희는 가서 모든 족속으로 제자를 삼으라"
(마태복음 28:19)는 지상사명을 주셨다.
네비게이토 선교회는 세계 모든 국가에서
예수 그리스도의 일꾼들을 배가시켜
이 지상사명의 성취를 돕는 것을
근본 목표로 하고 있다.

네비게이토 출판사는
네비게이토 선교회의 문서 선교를 담당하고 있다.
본 출판사에서는 그리스도인의 영적 성장을 돕는
서적과 자료들을 출판하여,
그리스도인의 삶의 기초가 견고한
헌신된 제자로 성장하게 하고,
나아가 성숙한 인격과 지도력을 갖춘
일꾼이 되도록 돕고 있다.

Translated by permission
Original language title
BE A MOTIVATIONAL LEADER
Copyright © 1981 by Cook Communications,
Korean Copyright © 1983, 1996, 2024
by Korea NavPress

BE A MOTIVATIONAL LEADER

LEROY EIMS

네비게이토 출판사
TO KNOW CHRIST AND TO MAKE HIM KNOWN

너희 중에 있는 하나님의 양 무리를 치되

부득이함으로 하지 말고

오직 하나님의 뜻을 좇아 자원함으로 하며

더러운 이를 위하여 하지 말고

오직 즐거운 뜻으로 하며

맡기운 자들에게 주장하는 자세를 하지 말고

오직 양 무리의 본이 되라

베드로전서 5:2-3

차 례

추천의 말   9

머리말   11

제1장   책임을 지는 지도자   13
책임 / 동기와 사기 / 합리화 / 합리화의 극복 / 책임을 질 것

제2장   성장하는 지도자   31
성장의 적 / 성장의 동반자

제3장   본을 보이는 지도자   55
제자를 삼는 자가 필요함 / 본의 필요성 / 지속적인 본 /
방법을 알려 줌

제4장   활력을 주는 지도자   71
지도자의 자질 / 지도자 후보생의 계발

제5장   효율적인 지도자   91
하나님의 지시를 받을 것 / 사람들과 긴밀히 의사소통할 것 /
책임과 권한을 위임할 것 / 언제나 다가갈 수 있는
조력자가 될 것 / 정기적으로 평가할 것 / 요약

제6장   돌보는 지도자   111
목자적 관심의 적 / 때에 맞게 필요를 채움

| 제7장 | 의사소통을 잘하는 지도자 | 131 |

지도자는 정보를 공유한다 / 정보 억제는 어리석은 일이다 /
지도자는 지속적으로 알려 준다

| 제8장 | 목표 지향적인 지도자 | 149 |

목표 설정 / 목표와 성경 / 장기적인 목표 / 단기적인 목표 /
목표와 성취 / 목표와 지속성 / 목표와 행동

| 제9장 | 결단성 있는 지도자 | 171 |

결정은 어렵다 / 어떻게 좋은 결정을 내릴 것인가

| 제10장 | 역량 있는 지도자 | 191 |

지도자에게 닥치는 유혹 / 자기 분수를 넘어서는 위험 /
지도자는 만물박사가 아니다 / 지도자는 자기 일을 안다 /
지도자는 일을 마무리 짓는다

| 제11장 | 연합하는 지도자 | 211 |

연합을 파괴하는 요인 / 연합을 도모하는 요소 /
지도자의 책무 / 서로 필요함

| 제12장 | 일하는 지도자 | 233 |

일꾼으로서의 지도자 / 무장자로서의 일꾼 / 인내 / 보상

추천의 말

당신은 곧 특별한 기쁨을 맛볼 것입니다!

당신도 알다시피 저자가 자기 글의 요지를 알리는 데 너무 많은 시간과 지면을 차지해 버린다면 실망할 것입니다. 또한 미사여구로 채워져 있긴 하지만 실속이 없고 이상과 이론만 나열되어 있는 책장을 억지로 넘기고 싶진 않겠지요. 특히 그것이 지도력과 동기 부여와 같은 실제적인 문제에 관한 것이라면 더욱 그렇습니다.

리로이 아임스는 좋은 책을 쓰는 사람입니다. 아직까지 이 사실을 몰랐다면 그의 다른 저서들을 읽어 보면 공감할 것입니다. 그의 세계는 실제적 세계이고 그의 사고는 직선적입니다. 그는 문제점을 직접 다루며, 확신 있게 성경적 관점을 제시합니다. 이 점은 저술가들, 심지어 그리스도인 저술가들 사이에서조차 보기 드문 특징입니다. 더구나 그가 성경을 다룰 때면 전혀 따분함을 느끼게 하지 않습니다. 성경적 원리가 곳곳에 훌륭히 배치되어 있지만 억지로 짜 맞춘 것이 아닙니다. 나는 이 점을 특별히 높이 평가하고 싶습니다.

리로이는 제2차 세계 대전 당시 해병대에서 복무했고, 네비게이토 선교회 간사로 여러 분야에서 오랫동안 사역해 왔습니다. 나는 그가 다양한 위치에서 뛰어난 지도력을 발휘해 왔는데도 불구하고, 아직도 여전히 귀를 기울이며 배우는 삶을 살고 있다는 인상을 뚜렷하게 받고 있습니다. 그는 확신이 있으면서도 겸손하게 배우는 사람입니다. 이 균형이야말로 오늘날 세계에서 지도자로서 성공을 거두고 있는 사람들에게서 볼 수 있는 중요한 요소입니다. 이 책을 통하여 당신도 이와 같은 균형을 자신의 삶에서 계발하는 데 많은 동기를 받을 수 있을 것입니다.

지금 우리는 어렵고 힘든 시기에 살고 있습니다. 많은 사람들이 이 시대의 도전에 용기 있게 맞닥뜨리지 못하고 피하거나 달아나고 있습니다. 우리 세대는 동기력이 떨어진 '회피의 명수'들이 살고 있는 시대입니다. 우리는 피동성이라는 가시에 찔려 어느 정도는 마비된 상태에 있습니다. 이러한 현실을 깨달은 이들에게 희망을 불어넣어 줄 수 있는 믿을 만한 성경적 처방이 절실히 필요합니다. 이 책에 바로 그런 내용이 담겨 있습니다.

앞에서도 말했지만, 당신은 곧 특별한 기쁨을 맛보게 될 것입니다!

찰스 스윈돌

머리말

불타오르는 팀은 중단시키기가 어렵습니다. 강한 동기와 높은 사기로 무장된 무리는 어떤 문제나 도전에도 능히 감당할 수 있을 것으로 보입니다. 목표를 충분히 성취할 수 있다고 여기기 때문에 어떤 장애물이 있을지라도 그것은 또 하나의 성공에 이르는 디딤돌이 될 뿐입니다. 지도자가 성령의 능력과 인도하심을 따라 사람들의 마음속에 그들이 맡은 일에 대하여 뜨거운 열정을 불러일으킬 수 있다면, 그의 일은 즐거움이 됩니다. 그러나 그가 이끄는 사람들이 비뚤어지고 냉담하며 헌신적이지 못할 때, 그의 일은 따분할 수밖에 없습니다.

동기를 불러일으키는 지도자를 만드는 것은 무엇입니까? 사람들로 하여금 뜨거운 열정과 헌신으로 하나님께서 그들에게 맡겨 주신 일을 성취하도록 사기를 높여 주는 그 비결은 무엇입니까? 그것은 특별한 은사입니까? 아니면 배우고 훈련할 수 있는 자질입니까? 나는 그것이 습득할 수 있는 것이며, 지도력을 발휘해야 하는 모든 영역에, 즉 가정과 직장, 지역 사회와 교회 등에서 크고 작은 모든 직임에 적용될 수 있는 것이라 믿습니다. 이것이 이 책에서 다루고자 하는 전부입니다.

    이 책은 풍부한 현장 경험을 거쳐 쓴 것입니다. 그렇기에 지도자가 자신이 원하는 때에 최대의 보물 창고, 즉 자기와 함께하는 사람들의 열정적이며 전폭적인 헌신의 문을 열 수 있는 열쇠를 제공해 줍니다. 이 책은 성경을 기초로 하고 있으며, 특히 잠언의 교훈을 강조합니다. 또한 이 책에는 2차 세계 대전 당시 미국 해병대에서 복무한 경험과 지난 수십 년 동안 네비게이토 선교회에서 전임 사역자로 섬기는 동안 하나님께서 내게 가르쳐 주신 값진 교훈이 소개되어 있습니다.

    하나님께서 이 책을 사용하셔서 즐겁고도 열매 풍성한 사역을 이끌 지도자를 날로 더 많이 계발해 주시기를 기도합니다.

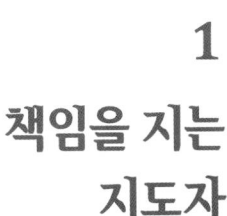

1
책임을 지는 지도자

책임
동기와 사기
합리화
합리화의 극복
책임을 질 것

1980년 4월 25일, 미국인 50여 명이 173일째 이란에 인질로 잡혀 있던 그날, 카터 대통령이 텔레비전 화면에 나타났습니다. 그는 침통한 목소리로 미국 특공대가 테헤란 주재 미국 대사관에 인질로 잡혀 있던 미국인을 구출하려고 시도하다 실패했다고 발표했습니다. 대통령은 실패로 끝난 그 작전 결과를 보고한 후 다음과 같이 덧붙였습니다. "구출 작전을 시도하기로 한 것은 저의 결정이었습니다. 문제가 발생하여 그 작전을 취소한 것도 저의 결정이었습니다. 책임은 전적으로 제게 있습니다."

카터 대통령은 미합중국의 국익에 관한 한 그 책임이 자기에게 있음을 잘 알고 있었던 것입니다.

책임

어떤 사업이든지, 일의 성공 또는 실패에 대한 책임은 지도자에게 있습니다. 그러나 지도자가 그들 조직 내에서 발생하는 문제에 대해 책임을 지지 못하는 경우가 얼마나 많은지 모릅니다!

1979년 여름, 미국 항공 우주국(NASA, 나사)에 문젯거리가 하나 생겼습니다. 나사측도 스스로 어떻게 제어할 수 없는 사고가 터지는 바람에 그에 대한 책임을 져야 했기 때문입니다. 미국 최초의 우주 정거장인 스카이랩이 궤도에서 벗어나 지구로 떨어지고 있었던 것입니다. 스카이랩을 제작했던 나사는 매우 의

기양양해하며 쏘아 올렸는데 이제 와서는 말썽거리가 된 것입니다. 궤도를 따라 지구 주위를 돌던 수십 톤이나 되는 금속 덩어리가 곧 땅에 떨어질 참이었습니다. 그러나 그것이 어디에, 누구 머리 위에, 어떤 사람의 발등에, 누구네 지붕 위에 떨어질지 확실히 아는 사람은 아무도 없었습니다. 결국 전 세계와 나사는 그 추이를 주목하며 기다릴 수밖에 없었습니다.

어떤 사람들에게는, 9층 높이에 77.5톤의 쇠뭉치가 땅에 곤두박질친다고 하는 것이 재미있는 농담거리나 유머로 여겨졌습니다. "겁장이 병아리"라는 동화에 나오는 "하늘이 떨어진다! 하늘이 떨어진다!"라는 대목을 "스카이랩이 떨어진다! 스카이랩이 떨어진다!"라고 살짝 바꿔 외치는 무리도 있었습니다. 사람들이 파티에 초대받아 갈 때 닭 깃털과 부리로 장식한 가면을 뒤집어쓰고 입장하는 진풍경이 곳곳에 펼쳐지기도 했습니다. 어떤 사람은 자기 티셔츠에 커다란 동심원 과녁을 그려 넣고 "나는 국가 공인 스카이랩 과녁"이라는 말까지 써서 입고 다니기도 했습니다.

그러나 자못 심각한 반응을 보이는 사람들도 있었습니다. 아무도 통제하지 못하는 힘에 자신들의 운명이 달려 있다고 느끼는 사람들이 많았고 공포에 사로잡히기까지 하는 사람들도 있었습니다. 어떤 사람들은 화를 냈으며, 그중에는 어떻게 손을 써 볼 수도 없는 지경에까지 이르도록 놓아둔 책임자들에게 분개하는 사람들도 있었습니다. 그들은 나사가 이 돌발적인 사태를 미리 예상하고 스카이랩이 안전하게 귀환할 수 있도록 적절한 조치를 했어야 마땅했다고 불평했습니다.

나사 측은 몇 군데 낙하 예상 지점이 있긴 하지만 정확히 어디에 떨어질지는 예보해 줄 수 없다고 발표했습니다. 나사는 스카이랩이 궤도에서 이탈되지 않도록 해야 하는 책임을 지고 있었음에도 불구하고 그것이 어디에 떨어질 것인가에 대한 책임을 지려고 하지 않았습니다.

동기와 사기

이제 잠시 그 사건이 동기 및 사기와 어떻게 연관되는지 생각해 보기로 합시다. 어떤 그룹의 지도자가 자기 직무를 제대로 수행하고 있지 않다고 여겨지거나 또는 사업상 발생하는 문제에 대해 책임을 회피하려고 한다고 생각될 때, 그 그룹의 구성원들은 곧잘 분개하거나 냉소적인 반응을 보이거나 두려워하게 될 것입니다. 미국에 있는 한 회사에서 일어났던 사건은 이 사실을 아주 잘 보여 줍니다. 즉 회사 경영이 커다란 인사 문제의 소용돌이에 휘말려 거의 마비 상태가 되었는데도, 회사 사장은 그 문제를 해결하는 데 뛰어드는 것을 완강히 거부했던 것입니다. 이런 식의 태도는 중역들에게 그가 문제의 원인에 대해 아무런 책임도 지지 않으려고 하며, 문제를 해결함으로써 그들을 이끌어 나가고 싶은 마음이 전혀 없다는 것으로 전달되었습니다. 그를 둘러싼 사원들은 좌절과 분노를 느끼고 낙심하게 되었습니다.

마침내 그들은 그의 지도력 부재 때문에 사직할 각오가 되었노라고 그에게 정면으로 도전하는 지경에까지 이르게 되었습니다. 일련의 긴 논란을 벌인 후 사장은 어쩔 수 없는 듯 현실로 돌아와서 상황을 타개하기 위해 자기도 힘닿는 데까지 최선을 다하겠노라고 다짐했습니다. 마침내 지도자가 자기의 책임을 받아들였을 때 사람들은 지도자와 연합하여 한 팀으로 다시 일을 시작할 수 있게 되었습니다.

동기와 사기에 영향을 미치는 요인은 여러 가지지만 그 핵심 요인 중 하나는 '책임을 지는 지도자'입니다. 하나님께서 맡겨 주신 사람들과 자신의 행동에 대해 책임을 지는 지도자는 그들의 충성과 존경을 얻게 됩니다.

이란 인질 구출 작전이 실패로 끝난 지 1주일 후, 나는 버지니아주에서 열린 군인 수양회에 강사로 참석하고 있었습니다. 장교 한 사람이 나에게 미국 국방부에서 있었던 한 고위 장성의 연설에 대하여 이야기해 주었습니다. 이 장성은 이미 내려진 결정에 대한 전적인 책임을 공개적으로 떠맡은 자기 대통령에 대하여 자부심을 느꼈고, 그것은 실패로 끝난 작전으로 인하여 자신이 느꼈던 죄책감을 충분히 상쇄하고도 남을 만큼 컸다고 말했다는 것이었습니다. 나에게 그 이야기를 들려준 장교는 자기를 포함하여 국방부에서 함께 근무하고 있는 모든 사람들은 대통령을 지지하고자 하는 마음이 더욱 크게 불타올랐다고 말했습니다. 대통령이 자기의 책임으로 받아들였다는 그 사실이 그들에게 충성심과 존경심을 불러일으켰던 것입니다.

합리화

그런데 너무도 흔히 지도자가 자기 책임을 전가하고자 하는, 즉 달갑지 않고 좋지 못한 일에 대해 책임지지 않고 슬쩍 빠져나가려는 유혹을 받게 됩니다. 우리에게는 모두 이런 경향이 있습니다. 이는 우리 본성의 일부이기 때문입니다. 이를테면, 허리둘레가 몇 cm 늘어났을 경우, 나는 쉽게 아버지를 탓할 수 있습니다. 이렇게 합리화하는 것입니다. "아버지가 원래 몸집이 크고 뚱뚱한 분이라서 나도 아버지를 꼭 닮아 가고 있구나. 아버지가 원래 좀 날씬한 분이었더라면 사정은 달라졌을 텐데 말이야. 하지만 뚱뚱한 아버지를 두었으니, 나는 어쩔 수 없이 체중이 느는 거야. 이 모두가 아버지 탓이야." 내가 아이스크림, 팝콘, 초콜릿 입힌 땅콩을 많이 먹는다는 사실은 무시합니다. 어쩐지 그런 것은 하찮게 여겨집니다. 체중이 느는 것을 쉽게 유전 탓으로만 합리화하면서 단호하게 아버지에게 책임을 돌리고 맙니다.

성경은 이와 같은 엉터리 합리화에 대해 지적합니다. 하나님께서는 사람들에게 그들의 행동에 대해 책임을 지도록 하십니다. 지도자에게는 그 맡은 사람들 가운데 일어나는 일에 대해서도 책임을 지게 하십니다. 하나님께서는 자기 백성이 계속 올바른 방향으로 나아가면서 올바른 일을 행하도록 하기 위해 그 주된 방법으로 지도자를 사용하십니다. 악단의 지휘자는 연주되는 음악에 대해서 책임을 져야 합니다.

우리는 하나님께서 이스라엘 자손에게 만나를 주셨던 사실에서 이 원리에 대한 명확한 조감도를 볼 수 있습니다. 주님께서는 명확한 지시를 주셨습니다. 일주일 중 6일 동안은 만나를 거둘 수 있으나 안식일에는 거두러 가지 말라고 하셨습니다. 그러나 몇몇 사람들이 순종하지 않았습니다.

> 제칠 일에 백성 중 더러가 거두러 나갔다가 얻지 못하니라. 여호와께서 모세에게 이르시되, "어느 때까지 너희가 내 계명과 내 율법을 지키지 아니하려느냐?" (출애굽기 16:27-28)

놀랍지 않습니까! 이스라엘 백성 전체가 하나님의 계명과 율법을 어겼습니까? 아닙니다! 백성 중 몇몇이 그랬습니다. 그러나 주님께서는 이스라엘 백성 전체를 책망하셨습니다. 그리고 책망의 말씀을 누구에게 하고 계십니까? "여호와께서 모세에게 이르시되." 바로 모세에게 하셨습니다. 이스라엘 백성 전체가 불순종한 것도 아니고 모세가 불순종한 것도 아니고 백성 몇몇이 불순종했는데, 여호와께서는 모세에게 책임을 묻고 계시는 것입니다. 왜냐하면 모세가 지도자였기 때문입니다. 그래서 모세에게 그 책임을 지우셨습니다. 주님께서는, 모세의 태만과 게으름으로 말미암아 백성들의 죄악이 고개를 들지 못하도록 지도자인 모세가 항상 깨어 있기를 원하셨습니다. 하나님께서는 자기가 책임을 맡긴 그 사람이 그 상황을 다스려 가길 원하셨습니다. 그래서 결국 모세가 책임을 져야 했던 것입니다.

합리화의 극복

우리는 본성적으로 합리화하려는 성향이 있기 때문에, 이런 약점을 솔직하게 인정하고 그것에 대항하여 싸워야 합니다. 잠언에서는 이렇게 말씀합니다.

> 노하기를 더디 하는 자는 용사보다 낫고 자기의 마음을 다스리는 자는 성을 빼앗는 자보다 나으니라. (잠언 16:32)

다른 것들을 정복하는 것보다 자신을 정복하는 것이 낫습니다. 그러나 자신을 정복한다는 게 여간 어려운 일이 아닙니다. 왜냐하면 우리는 걸핏하면 우리의 행동을 정당화하며 책임을 회피하고 교묘하게 빠져 나가려고 하기에, 부정하고 다루기 곤란하며 타협을 선호하는 우리 자신의 마음과 싸워야 하기 때문입니다. 화를 자주 내는 자신의 습관을 방치해 둔다든지, 자기 연민에 빠진다든지, 또는 육신의 정욕에 탐닉하는 것이 죄가 되는 것과 마찬가지로, 자기 행동에 대한 책임을 회피하려는 것도 죄가 됩니다.

당신이 지도자로서 당신의 삶 가운데 있는 죄를 해결하지 못할 때, 당신과 함께하는 사람들은 곧 당신에 대한 신뢰감을 잃게 됩니다. 당신이 지도자의 위치에 있다면, 방종하고자 하는 본성과 당신이 책임을 져야 할 때 다른 사람의 탓으로 돌리고자 하는 성향에 대항하여 일생 동안 싸워 나가야 하고 그러기 위해서는 무장을 해야 합니다.

싸움터는 곧 우리의 마음입니다. 그렇기 때문에 우리는 더욱 곤란에 빠집니다.

> 만물보다 거짓되고 심히 부패한 것은 마음이라. 누가 능히 이를 알리요마는. (예레미야 17:9)

이 말씀 속에서 한 가지 굉장한 진리를 발견할 수 있습니다. 어리석게도 우리는 하나님의 지혜와 능력을 의뢰하기보다는 자신의 능력에 의존하려고 합니다. 마음이란 거짓되고 부패한 것이어서 악한 것을 선하다 하고 선한 것을 악하다고 주장합니다. 우리는 우리 마음을 실제 상태보다 더 선한 것으로 과대평가합니다. 사실 인간의 마음은 사람을 얼러서 자기기만에 빠지게 합니다. 마음은 파멸에 이르는 길을 편들고 감싸 주는 장본인입니다.

그러나 우리가 하나님을 바라보며 우리의 어두움에 빛을 비추셔서 진리를 보여 주시길 구하면 하나님께서는 우리의 기도를 들어 주실 것입니다. 다윗의 기도는 좋은 본보기가 됩니다.

> 하나님이여, 나를 살피사 내 마음을 아시며, 나를 시험하사 내 뜻을 아옵소서. 내게 무슨 악한 행위가 있나 보시고 나를 영원한 길로 인도하소서. (시편 139:23-24)

하나님께서는 우리를 아십니다. 우리는 스스로를 추켜세우고 합리화하면서 불행을 향해 돌진하지만, 하나님께서는 긍휼 가운데 진리의 빛을 비추셔서 우리를 일깨워 경성하게 하십니다.

책임을 질 것

적용은 간단합니다. 거짓된 마음이 교묘한 간계로 나를 유혹해 굴복시키려고 할 때마다, 나는 그것에 정면으로 맞서 주님의 능력으로 물리칠 수 있습니다. 어떤 일이 잘못되어 책임이 내게 있다면 나는 책임을 지고 그것을 바로잡아야 합니다. 그렇게 하기가 그리 쉬운 일은 아닙니다. 전쟁에서 '성을 빼앗는 것'은 은밀하고 거짓된 내 마음과의 끊임없는 싸움에 비교하면 아이들의 전쟁놀이에 불과합니다. 미국 해군에 다음과 같은 말이 있습니다. "그건 내 불침번 때 일어난 일이 아냐." 이 말은 "그것은 내 잘못이 아니야. 그러니 나를 비난할 수는 없어"라는 뜻입니다. 그러나 하나님께서 나에게 말씀하시며 내 죄를 보여 주실 때, 경청하는 것이 좋습니다. 나의 마음은 언제나 거짓되지만 하나님은 언제나 변함없이 진실하시기 때문입니다. 선택은 내게 달려 있고, 선택을 어떻게 하느냐에 따라 내가 진리를 따르게 되느냐 거짓을 따르게 되느냐가 결정됩니다. 그러므로 하나님께서 내게 주신 말씀을 소홀히 여긴다면 잘못은 나에게 있으며, 따라서 그 결과를 내가 책임져야 할 것입니다.

> 네가 만일 지혜로우면 그 지혜가 네게 유익할 것이나, 네가 만일 거만하면 너 홀로 해를 당하리라. (잠언 9:12)

내 행동의 결과는 나 자신에게로 돌아오는 법입니다. 나 자신이나 하나님께서 맡겨 주신 사람들에게 거짓된 행동을 하면 결국 나의 영혼을 해치게 됩니다(잠언 8:36 참조). 나의 책임을 회피하려고 다른 사람에게 책임을 전가해서는 안 됩니다.

하나님께서 아담에게 그가 범한 죄를 지적하셨을 때, 아담은 "예, 하나님, 옳습니다" 하고 시인할 수도 있었습니다. 그러나 그러지 않았습니다. 하와에게 책임을 전가하려고 했습니다. 그렇지만 부질없는 몸부림에 지나지 않았습니다. 하와도 뱀에게 책임을 전가하려고 했지만, 역시 소용이 없었습니다. 이처럼 인류는 에덴동산에서부터 책임을 회피하려고 발버둥치는 역사를 만들어 왔습니다.

그러나 날이 저물면 새가 보금자리로 되돌아오듯 모든 일의 결국은 자업자득이 되기 마련입니다. 서투른 잔재주로 빚어낸 악한 결과가 결국 우리를 뒤쫓아 와 삼켜 버리게 됩니다. 이러한 결과가 수년, 수십 년, 아니 수 세기 동안 영향을 미친다는 사실이 참으로 두렵고 끔찍한 일이 아닐 수 없습니다! 우리는 아직도 아담이 지었던 죄의 그늘 밑에서 고통을 겪고 있습니다.

지도자가 책임을 져야 할 영역은 참으로 많습니다. 잠언에서는 지도자가 짊어져야 할 중요한 책임에 관하여 다섯 가지로 다음과 같이 말씀합니다.

1. 책망과 바르게 함

지도자는 그가 맡은 사람들 안에 있는 죄를 책망하거나 그들의 합당치 못한 행동을 바르게 이끌어 주어야 하는 책임이 있습니다. 때로 어떤 지도자는 옳지 못한 행동을 보고도 그 사람들에게 호감을 잃지 않을까 염려한 나머지 잘못을 바로잡아 주지 않습니다. "사람을 경책하는 자는 혀로 아첨하는 자보다 나중에 더욱 사랑을 받느니라"(잠언 28:23).

2. 결단성 있게 행동할 것

가치 있고 의미 깊은 결과를 가져올 수 있는 어떤 일을 할 기회가 있을 때 지도자는 결단성 있게 행동할 책임을 져야 합니다. 잠언에 말하기를, 만일 어떤 사람이 자신의 떳떳하지 못한 처신에 관하여 자기가 그것을 알지 못했었노라고 변명한다 할지라도, 그에게는 마음을 저울질하시고 각 사람의 행위대로 보응하시는 하나님 앞에서 답변할 일이 남아 있다고 했습니다(잠언 24:11-12 참조).

긴박한 위험이나 재앙에 처해 있는 사람을 보고도 아무 조치를 취하지 않는다면 하나님 보시기에 죄가 되며 사람 앞에서도 죄가 됩니다. 사람들은 그러한 지도자를 무정하고 무관심한 사람 아니면 겁쟁이로 여깁니다. 그러나 지도자가 필요를 인식하고, 소매를 걷어붙이고 발 벗고 뛰어들어 최선을 다한다면, 그를 따르는 사람들은 높은 동기력을 얻고 마음을 같이하여 함께하게 됩니다.

미국 남서부 지방의 한 도시에서 살고 있을 때, 바다 건너 멀리 동남아시아에 있는 자기 동포들을 위해 마음을 다하여 호소하고 다니는 어떤 사람의 이야기를 들었습니다. 사람들이 굶어 죽어 가거나 짐승 같은 삶을 살고 있는데도 그 나라 정부 당국자들은 문호를 폐쇄하고 어떤 종류를 막론하고 인도주의적인 원조나 구호품을 받아들이지 않았던 것입니다. 이런 필요에 마음이 움직여 그는 여기에 뛰어들게 되었습니다. 곧 그는 유엔의 각국 대표자들과 적십자사, 인접 국가들의 여러 대사, 그리고 기독교 구제 기관 등에 도움을 요청했습니다. 모두가 같은 대답을 했습니다. "압제 정권이 들어서서 구호품이나 원조품 반입을 허락지 않기 때문에, 우리로서는 어쩔 도리가 없습니다."

그러나 존이라는 그 사람은 거기서 주저앉지 않았습니다. 그는 그리스도인들에게 많은 기도 지원을 요청하기 시작했습니다. 나는 마침 모임을 가지고 있던 집에서 그의 사정을 경청할 수 있었습니다. 그다음 날 아침 주일 예배 시간에는 그의 교회 목사님이 그의 마음에 품고 있던 짐을 회중 앞에서 털어놓도록 해 주었습니다. 그는 또한 미국 전역과 세계 도처에 흩어져 있는 친구들에게도 전화로 부탁했습니다. 기도해 달라는 부탁이었습니다.

존의 말을 들은 사람들은 모두 다 도전을 받았고 강한 동기를 얻었습니다. 그 결과 많은 사람들이 그를 후원하며 수고를 아끼지 않았습니다. 존은 사랑과 존경을 얻어낸 지도자였습니다. 그는 고귀한 가치와 깊은 의미를 지닌 일을 포착하여 이 일에 착수했으며 마침내 해내고야 말았습니다. 그는 수많은 사람들에게 강한 동기를 불러일으켜 줌으로써 궁핍한 사람들에게 구호품을 보낼 길을 열어 주시도록 하나님께 기도하게 했던 것입니다.

3. 비판을 경청할 것

지도자는 자신이 인도하고 있는 사람들로부터 오는 비판에 귀를 기울여야 할 책임이 있습니다. 잠언에서는 이렇게 말씀합니다. "아비의 훈계를 업신여기는 자는 미련한 자요, 경계를 받는 자는 슬기를 얻을 자니라"(잠언 15:5). 하지만 "견책을 싫어하는 자는 죽을 것이니라"라고 말씀합니다(잠언 15:10). 약을 먹는 자에겐 희망이 있습니다. 그러나 병에 걸린 사람이 의사를 찾아가 약을 얻기까지 했으나 막상 먹지는 않는다면 지금까지 밟아 온 전 과정을 아예 처음부터 그만두었던 편이 오히려 나았을 것입니다. 성경은 또 이렇게 말씀합니다.

> 너는 권고를 들으며 훈계를 받으라. 그리하면 네가 필경은 지혜롭게 되리라. (잠언 19:20)

성경 전체를 통해서 우리는 열심히 배우는 태도가 지도자에게 얼마나 귀중한가를 보게 됩니다. 그러나 너무도 흔히 우리는 남의 말에 귀를 닫아 버리고 결국엔 파멸의 길로 가는 사람들을 보게 됩니다. 어떤 지도자에게서 이런 점을 발견하게 될 때 우리는 그를 떠나게 될지도 모르며, 아마 그렇게 하는 것이 타당할지도 모릅니다. 하나님께서는 우리가 지혜롭고 건설적인 비판에 귀를 기울이지 않는 지도자 밑에서 그릇된 방향으로 나아가 그릇된 일에 허비하라고 우리에게 생명을 주신 것이 아닙니다.

4. 정직할 것

지도자는 모든 것을 개방하여 사람 앞에 투명하게 드러내 놓아야 할 책임이 있습니다. 최근 거대한 무역회사가 뇌물 수수로 물의를 일으켜 비난의 대상이 된 것을 보았습니다. 이와 동일한 문제점이 국가 정부 안에도 깊이 숨어 있음을 봅니다. 폭로된 지도자급 인사들의 은밀한 죄상이 바로 그것입니다. 잠언은 이런 점을 지적하여 다음과 같이 기록했습니다.

> 미련한 자의 입은 그의 멸망이 되고 그 입술은 그의 영혼의 그물이 되느니라. (잠언 18:7)

지도자는 진실을 말해야 합니다. 프랑스의 한 위대한 왕이 다음과 같은 말을 했다고 합니다. "진실이 온 세상에서 사라져 버린다 해도, 왕자들의 가슴속에서는 발견되어야 할 것이니라."

지도자가 정직하지 못하면 그 거짓은 곧 드러나게 되며, 이로 말미암아 사람들의 사기와 동기는 급격히 떨어지기 마련입니다.

어느 누구도 거짓말쟁이의 인도를 따르려고 하지 않습니다. 사람들은 기만당하는 것을 증오하며 거짓말쟁이가 이끄는 그룹의 구성원이라고 알려지길 싫어합니다. 지도자의 거짓말은 그 팀에 속한 모든 사람들의 순전성을 손상하게 됩니다.

지도자는 실수나 잘못을 숨기기 위해 거짓말을 하고 싶은 유혹에 자주 직면합니다. 그러나 거짓말을 한다는 것은 참으로 어리석은 태도입니다. 결국 거짓은 밝혀질 것이기 때문입니다. 그가 택해야 할 최선의 행동 방향은 즉각적으로 문제에 과감히 맞서서 사람들의 용서를 구하고 사태의 올바른 해결을 위해 그들의 도움을 얻는 것입니다. 이것이 곧 자신의 행동에 대해 책임을 지고 있다는 명확한 증거가 됩니다.

5. 공평할 것
지도자는 사람들을 공평하게 다룰 책임이 있습니다.

속이는 저울은 여호와께서 미워하셔도 공평한 추는 그가 기뻐하시느니라. (잠언 11:1)

저울추를 비롯하여 물건 매매에 사용되는 도량형 기구를 서로 달리해서 속이는 사회 풍조, 즉 똑같아 보이는 추라도 어떤 것은 가볍고 어떤 것은 무거워 이 둘로 사람을 속이는 행위가 널리 펴져 있었던 것 같습니다. 신용을 악용하는 것은 하나님께서 미워하시는 바요 사람에게도 죄가 됩니다.
최근에 한 자동차 정비소 주인이 그에게 자동차 정비를 부탁한 어떤 부인의 이야기를 들려주었습니다. 수년 동안 그 부인은 한 믿음직한 자동차 정비사에게 자기 차의 정비를 의뢰해 왔다고 합니다. 그런데 어느 날 이 사람이 고의적으로 엔진에 손을 대서 고장을 낸 다음 부인에게 대대적인 엔진 수리 작업이 필요하다고 말했다고 합니다. 일련의 경로를 통해 부인은 그가 그릇된 행동을 했음을 알게 되었고, 자기를 속여 돈을 받아 내고자 한 행위에 분노가 치밀었습니다. 그러나 이 사실보다도 그 마음에 더 깊은 상처를 준 것은 수년 동안이나 신뢰해 왔던 사람이 자기를 속이려고 했다는 점이었습니다. 부인이 그 사람에게 두었던 신뢰감은 산산조각이 났습니다. 그의 판단이나 그의 말이라면 두말 없이 믿었는데 그는 자신의 이득을 위해 고객의 신뢰를 악용하였던 것입니다. 부인이 정비사를 의지했던 것과 같이 사람들은 지도자를 의지하고 있습니다. 이 부인의 경우처럼 사람들은 지도자에 대한 그들의 신뢰가 배신당할 때, 다른 지도자에게 눈을 돌리게 됩니다.

어떤 지도자든 사람들을 이끌어 자기를 따르도록 하려면 책임을 질 줄 알아야 합니다. 이는 지도력의 중요한 요건입니다. 나는 몇 년 전 마닐라 버스 터미널 벽에 붙어 있는 현수막을 보고 크게 도전받은 적이 있습니다. 거기에 이렇게 적혀 있었습니다. "마닐라 버스 터미널 사장은 마닐라 버스 터미널에서 발생하는 일이든 그렇지 않은 일이든 모든 것에 대해 책임을 집니다." 자, 이것이 곧 앞에서 누누이 강조해 온 바 책임진다는 말의 뜻입니다. 당신이라면 마닐라 버스 터미널에서 발생하지 않은 모든 것에 대해서도 기꺼이 책임을 질 수 있겠습니까! 나는 그가 의도한 바를 알고 그 의도에 감동했습니다. 내가 만약 그를 만날 수만 있었다면 그와 악수를 나누고 찬사를 아끼지 않았을 것입니다.

모든 지도자는 선택해야 합니다. 마닐라 버스 터미널 사장의 경우와 같이 책임을 지든지 아니면 책임을 다른 곳에 돌리려고 하든지 할 것입니다.

1979년 7월 모스크바에서는 식료품 난을 심하게 겪고 있었습니다. 불가리아산 쨈도, 폴란드산 야채도, 헝가리산 닭고기도 없었습니다. 그러자 관계 당국자들은 무엇이라고 핑계를 댄 줄 아십니까? 그들은 식료품 부족 현상을 다가오는 올림픽 경기 때문이라고 하였습니다.

당신은 어떤 부류에 속하는 지도자입니까? 자신을 합리화하고 다른 사람에게 책임을 돌리려고 하는 본성에 대항하기 위해 무장이 되어 있습니까? 자신의 마음속에 일어나는 거짓을 극복하기 위해 하나님과 그 말씀의 도우심을 의뢰하고 있습니까? 하나님께서 당신에게 말씀하시는 것을 경청하고 있습니까? 하나님께서는 반드시 자기가 세우신 지도자들에게 책임을 물으십니다. 무리를 이끌기 원한다면 자원하여 어려움을 도맡아야 합니다. 악단을 지휘하려면 음악과 부닥쳐야 하지 않겠습니까!

2
성장하는 지도자

성장의 적
성장의 동반자

지도자는 언제나 성장해 나가야 합니다. 지속적인 성장은 효과적인 지도력의 열쇠이며, 이 성장의 열쇠를 가지고 계신 분은 하나님이십니다. 그러나 지도자 자신이 성장 과정을 촉진하기 위해 할 수 있는 일이 몇 가지 있습니다.

그 열쇠 중 한 가지는 하나님의 말씀입니다(사도행전 20:32). 그러나 말씀에 의하여 성장하기 위해서는 말씀 안에서 시간을 보내야 합니다. 성경은 "지혜를 얻는 것이 금을 얻는 것보다 얼마나 나은고! 명철을 얻는 것이 은을 얻는 것보다 더욱 나으니라"라고 말씀합니다(잠언 16:16). 그저 나은 정도가 아니라, 더욱 낫다는 점을 주목하십시오. 굳이 비교한다면 졸졸 흐르는 샘물과 빅토리아 폭포수를 비교하려는 것과 같고, 성냥불과 떠오르는 태양의 찬란한 광채를 비교하는 격입니다. 그러나 잠시 생각해 보십시오. 만일 당신이 한 평범한 그리스도인에게 한 시간의 짬을 주고, 바구니에 금은을 담는 데 보내겠느냐 아니면 하나님의 말씀을 읽는 데 보내겠느냐고 묻는다면, 그가 어느 쪽을 선택하리라고 생각합니까?

나는 어쩌다, 새로 방영되는 텔레비전 게임쇼를 하나 시청하게 되었는데, 순서 중에 슈퍼마켓에서 능력껏 식료품을 많이 가져가는 게임이 있었습니다. 슬프게도 그 격한 게임은 이내 폭동으로 돌변했습니다. 게임 참가자들은 믿을 수 없으리만큼 광적으로 물건을 소유하고자 하는 욕망을 드러냈습니다.

그러나 하나님의 지혜와 삶에 대한 올바른 이해를 제공해 주는 성경책은 아직도 수많은 가정에서 펼쳐지지 않은 채로 있습니다. 땅의 보화를 갈망하는 만큼만이라도 하나님의 말씀을 갈망한다면 얼마나 기쁘고 복된 일이겠습니까? 둘 다 하나님께로부터 오는 선물인 것이 사실이지만, 마땅히 하나님의 은혜와 지혜의 선물을 더 사모해야 합니다. 그 은혜에는 영생도 포함됩니다. 땅의 보화는 일시적입니다. 수많은 사람들이 세상의 부를 좇아 눈을 부릅뜨고 손아귀를 뻗치지만 끝내 그것을 쥐지 못합니다(잠언 23:4-5 참조). 그러고는 좌절 가운데 인생을 허송하게 됩니다.

그러나 하나님의 은혜와 지혜의 선물을 구할 때는 결코 거절당하는 법이 없습니다. 구하는 자는 받게 되고, 두드리는 이에게 열리며, 찾는 이가 찾을 것입니다(마태복음 7:7-8). 좌절이 만족으로 바뀌게 됩니다. 영혼은 평온을 찾습니다. 그리고 마음은 빛을 얻고 영은 하늘의 진리로 말미암아 동기력을 얻게 됩니다. 에서처럼 팥죽 한 그릇을 위해 이 모든 것을 팔아 버린다면 제 정신이 아닌 것입니다. 그런데 실제 많은 사람들이 그런 전철을 되풀이하고 있습니다.

지도자들 역시 일시적인 것에다 자신의 삶을 바치고자 하는 유혹에 끌리기도 하는데, 예수님의 경고에 늘 깨어 있어야 하는 것도 이 때문입니다.

> 가시 떨기에 떨어졌다는 것은 말씀을 들은 자니 지내는 중 이생의 염려와 재리와 일락에 기운이 막혀 온전히 결실치 못하는 자요. (누가복음 8:14)

이.세상의 염려가 지도자의 활력을 꺾을 수 있습니다. 재리의 유혹과 세상 쾌락은 그를 해이하게 할 수 있으며, 자기 이익과 권력에 대한 욕심을 불러일으킵니다. 너무도 많은 사람들이 이 유혹에 무릎을 꿇곤 합니다.

우리는 종종 하나님의 나라에 든든한 재목감이 되리라 기대했던 그리스도인이 타락하는 경우를 봅니다. 그들의 실패 이면에 도사리고 있는 원인은 무엇입니까? 많은 요인이 있겠지만, 그중에서도 분명한 한 가지는 그들 생애의 어떤 시점에서, 개인적인 성장을 북돋아 줄 수 있는 여러 훈련으로부터 주의를 돌리고 딴전을 부렸기 때문입니다. 이렇게 되기 시작했을 때 그를 따르는 사람들은 좌절감을 느끼고 사기는 떨어졌던 것입니다.

최근 비행기 여행 중에 나는 한 회사의 중역과 이 점에 대하여 이야기를 나눈 적이 있습니다. 그는 자기 회사가 직면하고 있는 문제에 대해 이야기해 주었습니다. 생산품의 보급이 지연되고 있었고, 직원들 간의 불화로 어떤 이는 홧김에 퇴사하기도 했고, 업무는 엉망이 되었고, 직원들의 사기는 땅바닥에 떨어졌다는 것이었습니다. 나는 그에게 문제의 실제적 원인은 무엇이며 그가 생각하는 해결책은 무엇이냐고 물었습니다. 그의 대답은 또렷또렷하고 요지가 분명했습니다. "문제는 지도력입니다. 사업이 발전한 만큼 담당자가 성장하지 못한 것입니다. 그가 처음 우리 회사에 들어왔을 때에는 모든 것이 잘되었습니다. 그는 자기 일에 유능했습니다. 이제는 사세가 눈부시게 확장되었고 생산량도 매년 연속 증가하고 있습니다. 그런데 그는 계속 옛날 그

대로 정체 상태에 머물러 있습니다. 우리는 이제 그를 경질해야만 할 처지입니다."

이러한 유형의 문제를 피하려면 지도자는 자기 개인의 영적 삶에서, 그리고 업무를 수행하는 능력 면에서 끊임없이 성장해 나가야 합니다. 네비게이토 선교회의 창시자인 도슨 트로트맨이 세상을 떠나기 얼마 전에 그와 만났던 일이 기억납니다. 그는 두 눈가에 미소를 머금고 춤을 추듯 방안으로 뛰어들어 왔습니다. "리로이 형제, 오늘 아침 경건의 시간에 하나님께서 내게 주신 구절을 당신과 나누고 싶소. 이 귀한 성경 구절을 내 마음 판에 기록하지 않고 어떻게 지난 몇 년간을 살아왔는지 모르겠소." 나는 크게 도전을 받았습니다. 그때 그가 여전히 영적 성장에서 본을 보여 주고 있는 것을 다시 깨닫게 되었습니다. 이처럼 단순한 것도 사람에게 높은 동기를 주고 사기를 드높이며 북돋아 주게 됩니다.

성장은 선택이 아니라 필수입니다. 내가 처음 그리스도인이 된 후 일 년 동안 배웠던 내용이 지금도 꼭 필요하며 중요합니다. 예를 들면, 지금도 여전히 기도해야 하며, 오히려 더 큰 열정과 이해 가운데 더 많은 시간을 기도해야 합니다. 그리고 여전히 하나님의 지시에 순종해야 하고, 더욱 신속하고 온전하게 실행해야 합니다. 바로 이런 것이 성장을 촉진하는 요인입니다. 말씀 섭취, 기도 등 기본적인 삶은 문자 그대로 기본이며, 결코 이로부터 졸업할 수 없는 것입니다. 아침 기도와 성경 읽기는 선택 과목이 아니라 필수 과목입니다. 성경 암송과 말씀 묵상은 그리스도인의 성장을 위해 여전히 없어서는 안 됩니다. 따라서 하나님의 백성은 자기들의 지도자가 이러한 면에서 느슨해지는 것을 볼 때 신뢰감이 약화되고 충성심도 떨어지게 됩니다. 이렇게 되면 동기가 아닌 혼란이 뒤따르고, 무기력함이 사기를 대신하며, 사역은 시들기 시작합니다.

몇 년 전 한 기독교 선교 기관의 지도자와 이야기를 나누던 중에 자기 팀에 속한 사람들이 자기를 따르고 있지 않다고 불평을 털어놓았습니다. 어떤 사람은 모임에 얼굴을 내보이지도 않고, 또 어떤 사람은 그의 말을 귀담아듣지도 않는다고 했습니다. 영적인 문제를 논의할 때조차도 사람들은 그의 의견에 냉담한 반응을 보이며, 함께 성경공부를 하려고 하면 공부가 반쯤 끝나갈 때에야 어슬렁거리며 얼굴을 내밀거나 아니면 아예 나타나지도 않는다는 것이었습니다. 나는 이 마지막 화제인 성경공부에 관심을 집중하였습니다. 왜냐하면 그리스도인으로서의 기본적인 삶은 여전히 기본이기 때문입니다. 나는 그에게 공부를 준비하는 데 적어도 몇 시간 정도 들여야 된다고 참석자들에게 제의했느냐고 물었습니다.

"두 시간입니다" 하고 대답했습니다.

"당신이 준비하는 데는 어느 정도 시간을 할애합니까?" 하고 또 물었습니다.

"두 시간입니다."

"당신은 성장하고 있지 못하군요. 10년 전에도 그렇게 하고 있었지요!"

이에 그에게 성경공부 준비를 위해 할애해야 할 기본 시간을 최소한 두 배로 늘여야 한다고 도전하였습니다. 그는 진지하게 이 도전을 받아들여 말씀에 투자하는 시간을 두 배, 때로는 세 배로 늘였습니다. 이때부터 사람들은 뭔가 달라진 것을 보았습니다. 지도자에 대한 그들의 존경과 헌신에 극적인 변화가 일어났습니다. 일 년이 지난 뒤 다시 그를 방문했을 때, 나는 그의 주위에 있는 일단의 사람들이 자기가 맡은 임무에 헌신하고 있는 모습을 볼 수 있었습니다. 그들의 사기는 드높았습니다. 지도자 개인의 영적 성장이 이런 전환의 열쇠가 되었던 것입니다.

성장의 적

1. 교만

성경은 기록하기를 "교만은 패망의 선봉이요, 거만한 마음은 넘어짐의 앞잡이니라"라고 했습니다(잠언 16:18). 교만한 사람은 낮추어질 것입니다. 그것은 혹시가 아니라 반드시 그렇게 되는 진리이며, 언제 그렇게 되느냐가 문제일 뿐입니다. 이것은 그 사람 자신의 회개에 의해서, 또는 그의 거만한 마음에 대한 하나님의 심판에 의해서 그렇게 될 것입니다. 느부갓네살왕은 교만이 패망의 선봉임을 우여곡절 끝에 배웠습니다. 그의 말을 들어 보겠습니다.

> 그 동시에 이 일이 나 느부갓네살에게 응하므로 내가 사람에게 쫓겨나서 소처럼 풀을 먹으며 몸이 하늘 이슬에 젖고 머리털이 독수리 털과 같았고 손톱은 새 발톱과 같았었느니라. (다니엘 4:33)

그는 거대한 군대와 백성의 무리를 거느린 막강한 지도자였습니다. 그러나 교만이 그의 몰락을 초래했습니다. 하나님께서는 마땅히 영광을 받으실 자에게 영광을 돌리지 않는 지도자들을 대적하십니다. 주님께서는 우리에게 '우리가 이 보배를 질그릇에 가졌으니 이는 능력의 심히 큰 것이 하나님께 있고 우리에게 있지 않다'(고린도후서 4:7 참조)는 사실을 깨닫게 해 주는 법을 잘 알고 계십니다.

교만이 안고 있는 가장 커다란 위험 중 하나는 교만이 과도한 확신을 주어 점차 영적인 실체에 대해 부주의한 태도를 형성하게 해 준다는 것입니다. 지도자가 자기 자신을 믿고 있다면 그는 파멸 직전에 놓여 있는 셈입니다. 지도자는 자신감을 하나님께서 주신 은사나 재능에 두어서는 안 됩니다. 물론 매력적인 인품과 전달 능력, 그리고 다른 사람의 충성과 존경을 얻는 능력을 가지고 있을 수 있습니다. 그러나 이 모든 것은 어디에서 비롯된 것입니까? 성경은 이에 대해 분명한 대답을 줍니다.

> 누가 너를 구별하였느뇨? 네게 있는 것 중에 받지 아니한 것이 무엇이뇨? 네가 받았은즉, 어찌하여 받지 아니한 것같이 자랑하느뇨? (고린도전서 4:7)

최근 나는 활기 있게 성장하고 있는 어느 교회의 주말 수양회에서 제자의 도에 초점을 맞춰 말씀을 전해 달라는 부탁을 받았습니다. 나는 불과 몇 년 전만 해도 그 교회가 사실상 죽어 있었음을 알고 놀라지 않을 수 없었습니다. 회중 가운데 많은 사람들이 교회를 빠져나가 부근의 다른 복음적인 교회로 옮겼을 정도였습니다. 문제는 목회자에게 있었습니다. 그는 자신이 기도의 사람이 아니었기 때문에, 회중을 기도의 사람들로 세워 주는 데 유익한 원리를 전달해 줄 수가 없었습니다. 말씀에 대한 얕은 이해가 그의 얄팍한 설교 가운데 드러났고, 회중을 가르칠 수 있는 능력이 제대로 갖춰져 있지 못함이 개인 성경공부에서 드러났습니다.

마침내 자포자기 상태에서 회중은 그 사람을 해임하고 다른 사람을 찾기 시작했습니다. 곧 그들은 자신들이 기대하고 있는 자질을 갖추었다고 생각되는 한 사람을 찾았습니다. 그런데 그는 능변의 설교가도 아니고 뛰어난 선생도 아니었습니다. 또는 훌륭한 상담자도 아니었습니다. 그러나 한 가지 그가 가진 것은 예수 그리스도에 대한 깊고도 강렬하며 진실된 사랑이었습니다. 그것은 주님과 함께하는 개인적인 경건의 삶에서 우러나왔습니다. 그는 몇 시간이고 기도하며 자신의 영혼을 먹이기 위해 말씀을 즐기는 사람이었습니다. 그가 오게 되자 곧 극적인 변화가 일기 시작하였습니다. 회중의 수가 늘어나고 각 사람의 삶의 깊이도 성장하기 시작하였습니다. 교회 출석을 그만두었던 사람들이 다시 나오기도 하고, 새로운 사람들을 그리스도께 인도하여 교회 생활을 함께 즐기도록 도와주기도 했습니다. 기도 모임 참석 상황도 아주 좋아져서 사람들이 기도에 우선순위를 두게 됨에 따라 하나님을 위한 참된 사역이 이루어졌습니다.

혼란 가운데 죽어 있던 교회가 한 겸손한 목회자로 말미암아 활기를 되찾게 되었습니다. 그 비결이 무엇이냐고요? 다름이 아니라 키를 잡고 있던 하나님의 사람에게 그 비결이 있었습니다. 그는 하나님을 전폭적으로 의뢰했고, 사람들을 주님과의 생동감 넘치는 교제 가운데로 이끌었습니다. 전에 있던 목회자는 기도에 사역의 뿌리를 내리지 않고, 하나님을 의뢰하기보다는 자신을 의뢰하였습니다. 반면에 하나님을 겸손히 의뢰하였던 목회자는 사람들이 기쁨을 누리며 하나님께 헌신하고 다른 사람들을 그리스도께 인도하고자 열망하는 삶을 살도록 이끌고 도와주었습니다. 그는 이 면에서 성령께 쓰임을 받는 촉매 역할을 한 것입니다.

파멸 직전으로 대군을 이끌어 가는 '거만한 마음'이라는 장군의 모습을 한번 상상해 보십시오. 그의 뒤에 따라올 것이 무엇이겠습니까? 패망, 파탄, 황폐, 패퇴, 전멸, 파국, 난파 따위입니다. 이러한 단어들이 동의어 사전에만 나오는 것이 아닙니다. 교만과 거만한 마음이 이끄는 대열이 바로 이와 같은 것으로 구성되어 있습니다. 어느 때, 어느 곳을 막론하고 그렇습니다. 교만과 부끄러움은 하나님 말고는 어느 누구도 부술 수 없는 쇠사슬로 서로 엮여 있습니다. 거짓 없는 진실된 회개가 분명하게 보일 때라야 하나님께서는 그것을 부수십니다.

교만에서 생기는 또 하나의 대표적인 문제는, 교만은 지혜의 최고 원리인 주님을 경외하는 것과 직접 대치된다는 점입니다. 또한 교만은 하나님과 이웃을 사랑하라는 하나님의 큰 계명에 상반되는 것입니다. 그러므로 교만한 사람은 설 자리가 없습니다. 그는 자기 자신과 갈등하며, 이웃과 다투며, 하나님을 대적하게 됩니다.

무릇 마음이 교만한 자를 여호와께서 미워하시나니, 피차 손을 잡을지라도 벌을 면치 못하리라. (잠언 16:5)

지도자가 자신을 그럴듯하게 생각하기 시작하면 자신은 물론 그와 함께하는 사람들도 머지않아 문제에 부딪히게 됩니다. 만일 그가 주님을 무시하고 자신을 신뢰하기 시작하는 지경까지 이르게 되면, 그의 성장은 그치고 영적 삶은 시들어 버리기 마련입니다. 이런 모습을 보게 될 때 사람들은 하나님의 일에 대한 열망을 잃게 됩니다.

그리스도의 말씀을 기억하십시오.

내 안에 거하라. 나도 너희 안에 거하리라. 가지가 포도나무에 붙어 있지 아니하면 절로 과실을 맺을 수 없음같이 너희도 내 안에 있지 아니하면 그러하리라. 나는 포도나무요 너희는 가지니 저가 내 안에, 내가 저 안에 있으면, 이 사람은 과실을 많이 맺나니 나를 떠나서는 너희가 아무것도 할 수 없음이라. (요한복음 15:4-5)

효과적인 복음의 확장과 봉사는 자기 힘을 의지하여 열정적으로 일하는 삶의 결과가 아니라 그리스도와의 긴밀한 교제로 인한 생명력이 넘쳐흐르는 삶의 결과입니다.

만일 어떤 지도자가 미국의 선전 광고의 중심지인 매디슨가와 데일 카네기의 판매 기술에서 배운 원리를 응용한다면 큰 효과를 볼 수 있으리라는 점을 나도 확실히 인정합니다. 그러나 하나님의 일에서는 이 같은 효과가 오래가지는 못할 것입니다. 노래 가사 중에 이런 것이 있는데 꼭 들어맞는 말입니다. "그대의 육신의 팔은 실망을 안겨 주리라." 예레미야 선지자는 이렇게 기록하였습니다.

나 여호와가 이같이 말하노라. 무릇 사람을 믿으며 혈육으로 그 권력을 삼고 마음이 여호와에게서 떠난 그 사람은 저주를 받을 것이라. 그는 사막의 떨기나무 같아서 좋은 일의 오는 것을 보지 못하고 광야 간조한 곳, 건조한 땅, 사람이 거하지 않는 땅에 거하리라. 그러나 무릇 여호와를 의지하며 여호와를 의뢰하는 그 사람은 복을 받을 것이라. 그는 물가에 심기운 나무가 그 뿌리를 강변에 뻗치고 더위가 올지라도 두려워 아니하며 그 잎이 청청하며 가무는 해에도 걱정이 없고 결실이 그치지 아니함 같으리라. (예레미야 17:5-8)

지도자의 삶이 빈 들의 마른 풀같이 시들기 시작하면, 따르는 사람들도 그와 똑같이 되기 시작할 것입니다. 우리는 아무래도 같은 사람을 재생산하기 마련입니다.

2. 게으름

지도자가 매우 게으른 나머지 기도하지 않고, 공부하지 않고, 주님을 찾지 아니하면, 파멸에 직면하게 됩니다. 성경은 이 점에 대해 분명히 말했습니다.

자기의 일을 게을리하는 자는 패가하는 자의 형제니라. (잠언 18:9)

게으른 사람은 자기가 가지고 있는 것마저도 부수어 버리고, 손바닥에 쥐어 주는 것도 놓쳐 버립니다. 그는 하나님께서 주신 은사와 능력을 바람에 날려 버립니다.

나는 하나님의 사역을 위해 기대되던 한 젊은이의 삶 속에서 게으름이 자리 잡게 된 것을 보았습니다. 장래가 특히 촉망되던 신학생 시절에 그를 만났습니다. 대부분의 교수들이 그에게 큰 희망을 걸고 있었습니다. 냉철한 사고, 기쁨의 태도, 정확한 의사소통력 등으로 말미암아 그는 신학교 내에서 화젯거리가 되곤 했습니다. 모두가 그의 앞날을 유망할 것으로 기대하고 있었지만, 나로서는 석연치 않은 점이 있었습니다. 나는 또 다른 관점에서 그를 관찰하고 있었습니다. 나는 그가 아침 기도, 성경 읽기, 깊은 말씀 묵상 등 그리스도인의 기본적인 삶을 일상생활에서 잘 실천하도록 세워 주려고 애썼지만, 그는 제대로 꾸준히 해내지 못하였습니다. 그는 침대를 떠나 무릎을 꿇고 기도하는 일을 힘들어하고 피곤해했습니다. 그에게는 게으름이라는 늪이 있었습니다.

수십 년이 지난 오늘날에도 그는 비슷한 상태에 머물러 있습니다. 하나님의 나라에서 위대한 일을 할 수 있는 잠재력을 가졌지만 아무 데나 침을 내뱉듯이 인생을 살아온 결과 그렇게 된 것입니다. 최근까지도 그는 메마르고 무기력한 사람들을 이끌며 목회하고 있는데, 그들 가운데는 몇 년이 지나도 다른 사람을 그리스도께 인도한 사람은 거의 없는 실정입니다. 제자의 삶이 지닌 생동감이 그들의 일상생활과는 거리가 먼 것이 되었습니다. 그들에게는 행동하고자 하는 동기가 부여되지 못하고, 사기는 극도로 떨어진 상태에 있습니다. 무엇이 문제입니까? 그들의 지도자가 게으르기 때문입니다. 잠언 말씀은 정곡을 찌릅니다. 세우는 일에 게으른 사람은 가진 것도 헐어 버리는 사람과 마찬가지로 파괴적입니다. 그는 패가하는 자의 형제입니다. 지도자가 자기의 책임을 게을리하면, 바삐 악을 행하는 사람 못지않게 해를 끼치게 됩니다. 둘 다 파괴하는 자입니다.

잠언의 다른 곳에서는 게으름의 위험성과 근면에 대한 보상을 보여 줍니다.

너는 잠자기를 좋아하지 말라. 네가 빈궁하게 될까 두려우니라. 네 눈을 뜨라. 그리하면 양식에 족하리라. (잠언 20:13)

잠자기를 좋아하는 것은 하나님께서 주신 시간을 남용하는 행위입니다. 우리가 잠을 자는 까닭은 내일의 섬김을 위해서 쉼이 필요하기 때문입니다. 잠은 주인이 아니라 종이 되어야 합니다. 잠을 사랑하는 사람은, 모든 일을 다 잘하셨고 하나님을 향한 열심이 불탔던 우리 주 예수 그리스도를 닮은 데라곤 하나도 없이, 열의가 없고 나태하며 마음이 산만한 사람이 되고 말 것입니다. 잠에서 깨어나 우리 모두를 괴롭히는 그 게으른 타성을 이기는 사람에게는 하나님의 떡인 그리스도께로부터 오는 충만한 삶이 약속되어 있습니다. 잠이란 축복이 될 수도 있고 저주가 될 수도 있습니다.

어느 해 여름엔가 나는 어느 선교 기관의 한 훈련 프로그램을 참관할 기회가 있었습니다. 때마침 아침 식사 시간에 도착하게 되었습니다. 훈련생들은 아침 체조 후에 경건의 시간을 갖고 성경을 읽고 기도하며 몇 가지 소소한 일을 하느라고 두 시간 전부터 활동하고 있었습니다. 나는 총책임자를 찾느라 이리저리 둘러보았는데, 어처구니없게도 냉소 섞인 웃음과 함께 들려오는 말이 그는 아마 자고 있으리라는 것이었습니다. 그의 숙소를 찾아내어 문을 두드렸습니다. 아니나 다를까, 그가 방문을 겨우 열었을 때, 아직도 긴 잠옷을 걸치고 있었습니다. 두 눈은 반쯤 감겨 있었고, 목소리는 잠겨 있었으며, 무엇보다도 내가 거기 서 있다는 것을 알고는 크게 당황하는 기색이 역력했습니다. 나는 그날 하루 동안 훈련 프로그램에 함께하면서 전체적 분위기에 사기가 떨어져 있고 동기력도 없어진 것을 보게 되었습니다. 나는 하루가 다 가기 전에 적절한 기회를 만들어 총책임자와 잠언 20:13 말씀을 나누었습니다. 이후에 그는 나머지 프로그램 동안 자신의 게으른 타성을 극복하려고 애썼습니다.

그러면서 마침내 그는 실추되었던 명예를 근면으로 되찾게 되었습니다.

성장의 동반자

1. 겸손

여호와를 경외하는 것은 지혜의 훈계라. 겸손은 존귀의 앞잡이니라. (잠언 15:33)

겸손과 여호와를 경외함의 보응은 재물과 영광과 생명이니라. (잠언 22:4)

이들 구절로부터 분명하게 알 수 있는 점은 하나님을 경외하는 가운데 하나님 앞에서 겸손히 행하는 것이야말로 영적 성장에 절대적으로 필요하다는 사실입니다. 그러한 겸손은 주님을 높이고 주님의 말씀에 순종하게 합니다.

한번은 영국 런던에서 온 나의 절친한 친구인 데이비드가 관광하며 휴가를 보내고 있을 때 우리 부부는 그를 우리 집에 초대하였습니다. 하루 저녁은 대화를 나누던 중에, 데이비드는 자기 삶에 영향을 주었던 두 부류의 그리스도인 지도자들에 대해 이야기했습니다. 먼저 접하게 된 지도자들과는 3년을 함께 보냈습니다. 그 가운데 한 사람은 심각한 도덕적 문제를 안고 있었고, 또 한 사람은 자기 아내와 가족을 버리려 하고 있었습니다. 걸핏하면 화를 내는 사람도 있었고, 어떤 사람은 삶에 진저리를 내고 자살까지 생각하고 있었습니다. 데이비드는 이 사람들을 떠난 뒤, 전과는 아주 대조적인 사람들과 교제를 시작하게 되었습니다. 그들의 삶은 하나님의 성품을 잘 반영해 주고 있었고, 가정은 사랑과 기쁨, 인내와 친절이 넘치고 있었습니다.

데이비드는 이 두 그룹의 지도자들을 뒤돌아보면서, 그들에게 서로 차이가 나는 원인을 분별해 낼 수 있었습니다. 첫 번째 그룹의 사람들은 성경을 따지기를 좋아했습니다. 그들은 성경 각 장을 볼 때 이것저것 비판하며 성경을 자기의 권위 밑에 두었습니다. 그러나 두 번째 그룹의 지도자들은 자신을 성경의 권위 아래 두었습니다. 그들은 성경의 가르침에 순종하며 약속들을 주장했습니다.

엄청난 차이였습니다. 처음 그룹은 교만하게도 마치 자신들이 성경을 심사라도 하는 듯한 태도였습니다. 반면에 둘째 그룹은 겸손히 하나님의 말씀을 사랑하며 그 권위 아래서 살았습니다. 그들은 하나님의 풍성한 은혜를 누리고 있었으며, 주님 앞에 귀한 자들로 인정받고 있었습니다. 그들은 생명의 주님 안에 거하고 있었던 것입니다.

데이비드가 첫 그룹과 함께했던 동안 그의 사기는 바닥 상태였고 동기는 제로였습니다. 그러나 두 번째 그룹의 지도력 밑에서는 열정적인 반응을 나타냈습니다. 이는 그들이 데이비드로

하여금 그리스도를 위하여 생산적인 봉사의 길을 밟도록 해 주었기 때문입니다.

데이비드처럼 사람들은 대부분 겸손한 지도자에게 호응을 보입니다. 그들은 그런 지도자의 인도를 열심히 따라갑니다. 이는 하나님의 손길이 그들 위에 있음을 알기 때문입니다. 그들은 그 지도자가 하나님과 동행하면서 확신을 더욱 굳게 다져 가고 믿음을 키워 갈 뿐 아니라, 그리스도를 향한 헌신이 더욱 깊어지고 계속적으로 성장하리라는 것을 잘 알고 있기 때문입니다.

2. 경건

죄 가운데 살아가는 사람은 분명 그리스도의 은혜와 주님을 아는 지식에서 자라 가고 있지 못한 사람입니다. 우리는 하나님의 명령을 배울 뿐 아니라 성령의 능력으로 그것을 삶에 적용해야 더욱 성장할 수 있습니다. 시편 기자는 이렇게 말했습니다.

> 내가 주의 의로운 판단을 배울 때에는 정직한 마음으로 주께 감사하리이다. 내가 주의 율례를 지키오리니, 나를 아주 버리지 마옵소서. (시편 119:7-8)

경건과 성장은 서로 밀접한 관계가 있어서 하나가 다른 하나를 증진시켜 줍니다. 이 둘은 서로 손을 맞잡고 걷는 아름다운 덕목입니다. 예수님은 자기를 따르는 자들에게 주님을 배울 것과 따를 것을 명령하셨습니다. 그리스도를 배운다는 것은 갈수록 주님을 닮아 가는 것을 뜻합니다. 주님을 따른다는 것은 경건한 삶을 사는 것, 곧 주님께서 걸어가신 자취를 따라 걸어가는 것입니다.

> 악을 떠나는 것은 정직한 사람의 대로니, 그 길을 지키는 자는 자기의 영혼을 보전하느니라. (잠언 16:17)

하나님의 대로를 걷는 사람은 그 길이 하나님의 마음과 뜻과 사랑에 점점 더 가까이 이르게 해 주는 길임을 잘 압니다. 이 길이 곧 성장의 길이며 하나님께서 맡겨 주신 사역에서 힘과 안정을 얻는 길이기도 합니다. 이사야는 이 점을 예리하면서도 흥미 있게 설명했습니다.

> 거기 대로가 있어 그 길을 거룩한 길이라 일컫는 바 되리니, 깨끗지 못한 자는 지나지 못하겠고, 오직 구속함을 입은 자들을 위하여 있게 된 것이라. 우매한 행인은 그 길을 범치 못할 것이며. (이사야 35:8)

얼마나 놀라운 약속입니까! 우리가 어디서 출발했는지는 문제가 되지 않습니다. 제대로 교육도 받지 못했고, 이렇다 할 재능도 없는 사람일 수도 있습니다. 그러나 우리가 하나님의 대로에서 거룩함을 부지런히 추구해 나가면, 우리는 주님의 지혜와 지식에서 자라 가게 될 것입니다.

재능이 많은 지도자는 그보다 재능이 적은 형제 자매들에 비해 좀 더 유리한 여건에서 출발했을지도 모릅니다. 그러나 길을 따라가다가 어느 지점에선가 경건의 연습을 하는 일에 마음이 해이해지면, 그의 성장은 곧 지체되고 결국 중단될 것입니다. 그러므로 지도자는 '그 길을 지키며' 자신의 내적 열망과 동기를 부지런히 살펴보아야 합니다. 성장과 경건은 분명한 상관관계가 있기 때문입니다. 그는 또한 도덕적인 면에서 자신의 행동을 조심하여 악을 멀리함으로써 그리스도의 은혜와 주님을 아는 지식에서 자라 가도록 해야 합니다(베드로후서 3:18 참조).

우리가 계속 성장을 원한다면, 경건이 우리 일생에 걸친 헌신이 되어야 합니다. 잠언의 다음 말씀을 주목해 보십시오.

백발은 영화의 면류관이라. 의로운 길에서 얻으리라. (잠언 16:31)

악한 노인에게는 영화가 없습니다. 그러나 여러 해 동안 하나님의 행로를 걸어 온 사람은 하나님의 영광을 입게 됩니다. 이런 사람의 지혜는 배움과 적용과 경험의 결합체입니다.

이 말씀을 좀 더 자세히 보면, 주님께서 노인들에게 원하시는 모든 것은 제자가 되는 것임을 알 수 있습니다. 이것은 젊은이에게 있어서도 마찬가지입니다. 곧 그리스도인의 기본적인 삶에 충실하는 것, 즉 봉사의 삶, 청지기 직분의 이행, 그리고 하나님께 대한 헌신 등의 영역에서 충성하는 것입니다.

한번은 허버트 로키어 박사와 이야기를 나눌 수 있는 좋은 기회가 있었습니다. 당시 그는 93회 생신을 바라보고 있었습니다.

아내는 그를 위해 애플파이를 만들었고, 우리는 그의 거실에 앉아 파이를 즐기면서 주님의 일에 대하여 함께 이야기를 나누었습니다. 나는 이 연로한 성도의 방을 살펴보면서 성숙한 삶의 증거를 구석구석에서 찾아볼 수 있었습니다. 그는 아침에 기도 시간을 가질 때 앉는 의자를 가리켜 보여 주었습니다. 그는 최근에도 자신이 하는 성경공부 내용을 기록해 두고 있었습니다. 그의 생애는 과연 영광의 면류관이었습니다. 이는 그가 의로운 삶을 살아 왔던 까닭입니다.

나는 그의 말을 들으면서 오직 의로운 길을 걸을 때라야 계속 성장해 갈 수 있다는 사실을 확인할 수 있었습니다. 그 길을 가지 않으면, 죄의 길로 미끄러져서 꼼짝없이 좌절과 죄의식 가운데 빠지고 말 것입니다.

3. 슬기

성경은 이렇게 말씀합니다.

> 어리석은 자는 어리석음으로 기업을 삼아도, 슬기로운 자는 지식으로 면류관을 삼느니라. (잠언 14:18)

이 말씀을 보면 성장과 슬기는 연관되어 있음을 알 수 있습니다. 슬기란 사전에 보면 '사리를 바르게 판단하고 일을 잘 처리해 내는 재능'이라고 되어 있습니다. 슬기로운 사람은 신중하고 분별력 있고 명철하게 판단하고 행합니다. 물론 삶 가운데 간간이 레크리에이션과 휴식 등을 곁들여 삶에 신선함을 가미해야 하지만, 삶의 주류는 어디까지나 성장을 향하여 흘러가야 합니다. 오직 슬기로운 결정과 판단을 통해서만 이런 삶을 살 수 있습니다.

> 명철한[슬기로운] 자의 마음은 지식을 얻고, 지혜로운 자의 귀는 지식을 구하느니라. (잠언 18:15)

여기서 귀와 마음에 대해 부연한 사실을 주의하여 보십시오. 우리가 듣는 것은 한 쪽 귀로 들어왔다가 다른 쪽 귀로 나갈 수 있습니다. 그러나 그것이 마음에 간직될 때 우리 삶에 영향을 줍니다.

슬기는 지식을 대하는 우리의 태도와도 관련됩니다. 잠언은 이 태도에 관해서 많이 강조합니다.

> 명철한 자의 마음은 지식을 요구하고, 미련한 자의 입은 미련한 것을 즐기느니라. (잠언 15:14)

> 생명의 경계를 듣는 귀는 지혜로운 자 가운데 있느니라. 훈계받기를 싫어하는 자는 자기의 영혼을 경히 여김이라. 견책을 달게 받는 자는 지식을 얻느니라. (잠언 15:31-32)

아볼로는 이러한 태도 면에서 주목할 만한 본을 보였습니다.

그는 '성경에 능한 자'라고 했습니다. 그러나 브리스길라와 아굴라가 그의 말을 듣고 "데려다가 하나님의 도를 더 자세히 풀어 이르더라"라고 하였습니다(사도행전 18:24,26 참조). 상상해 보십시오! 전문적인 설교자가 평범한 신자들의 가르침을 받다니요! 그들이 자유롭게 그 일을 할 수 있었다는 것이 놀랍습니다. 놀라운 것은 이뿐만 아니라 아볼로가 그들의 말을 듣는 겸손과 슬기를 가졌다는 점입니다.

슬기로운 지도자는 자기를 따르는 사람들의 목소리에 귀를 기울입니다. 실상 그는 사람들이 자유롭게 그에게 말하고 그 앞에서 편안함을 느낄 수 있도록 용납하는 분위기를 창조해 냅니다. 그렇게 되면 지도자는 정보가 풍부한 문을 여는 셈이 됩니다. 이것은 자신의 성장과 효과적인 임무 수행을 촉진하게 되어 드높은 사기와 동기력을 유지하게 해 줍니다.

1980년 봄에 세계 곳곳에서 네비게이토 선교회의 사역에 종사하는 지도자 162명이 모여 1980년대 사역의 방향을 위해 기도하고 계획하고 점검하는 시간을 가졌습니다. 론 쎄니 회장이 아침 모임을 인도했는데, 먼저 그가 주제를 소개하고 다음에는 참석자들이 그가 전한 내용을 중심으로 그룹 토의에 들어가는 순서로 진행되었습니다. 그룹 인도자들은 서로 의견을 달리하는 사항과 일치하는 사항을 기록하여 론 쎄니와 그의 지도자팀에 제출했습니다. 론 쎄니는 그 내용을 주의 깊게 분석하고 나서 각 토의 그룹의 의견과 제안 사항을 다음날 아침 모임에 반영하였습니다. 사람들은 자신들의 제안 사항이 1980년대 계획의 골격 속에 실질적으로 반영되는 것을 보고 기뻐하였습니다. 그것은 모두에게 큰 격려가 되었습니다. 모임이 끝나고 하나님께서 지구상의 이곳저곳으로 다시 내보내시는 각 지도자들의 얼굴에서 우리는 그리스도의 지상사명 성취를 돕는 임무를 수행하고자 하는 강한 동기력과 헌신의 빛을 뚜렷이 볼 수 있었습니다.

3
본을 보이는 지도자

제자를 삼는 자가 필요함
본의 필요성
지속적인 본
방법을 알려 줌

몇 달 전에 나는 난로에 땔 큰 나뭇가지와 통나무를 켜 볼까 하는 생각에서 전기톱 하나를 구입했습니다. 톱을 사서 집으로 가져온 후 차고로 운반하여 포장을 풀고 조립을 시작했습니다. 사용 안내서를 꺼내 주의 깊게 읽어 보았습니다. 톱은 결합하기가 비교적 단순할 듯 했고, 그래야 마땅했습니다. 그러나 읽으면 읽을수록, 머리만 복잡해지고 통 이해가 되지 않았습니다. 조립 안내서에는 틀, 지지대, 풀림 스위치, 돌출부 등과 같은 말이 나와 있었지만, 아무리 해도 조립법을 알아낼 수가 없었습니다. 지금도 그 톱은 조립이 되지 않은 채 한 번도 써 보지 못하고 상자 속에 그대로 담겨 있습니다. 이제 기온이 영하로 내려가고 있고, 첫눈도 내려 따뜻한 난로 생각이 간절합니다. 그렇지만 안내서를 제대로 이해하지 못해 톱을 조립할 수 없으니 별다른 도리 없이 지금과 같은 상태에 머물러 있을 수밖에 없습니다.

해병대에는 이처럼 글로 기록된 안내서보다 더 효과적으로 가르치는 좋은 체제가 있습니다. 나는 1943년에 해병대에 입대하여 샌디에이고에 있는 신병 훈련소로 갔습니다. 머리를 깎고, 군복을 지급받고, 며칠 동안 구보와 기초 훈련을 한 후에 총 한 자루를 지급받았습니다. 총기에 대해서는 아는 바가 전혀 없었지만 곧 해병대에서 어느 정도 정확하게 쏘는 법을 가르쳐 주리라는 것을 알고 있었습니다. 나는 18세의 나이 때문인지는 몰라도 모든 것이 흥미진진하게 여겨졌습니다.

그러나 그날 아침 훈련 담당 교관이 우리에게 소총 분해 결합

법을 곧 배우게 될 것이라고 말해 주었을 때는 더럭 겁이 났습니다. 기계를 다루는 재주가 별로 없다고 생각하는 나로서는 소총을 분해하였다가 다시 결합한다는 것은 무리로 여겨졌습니다. 다른 사람들과 동작을 같이하여 나사를 풀고, 이것저것을 여러 방향으로 움직여 본 결과, 마침내 내 앞에 볼트, 못, 용수철, 괴상한 모양의 금속붙이 등이 한 더미나 쌓였습니다. 교관은 아주 참을성 있고 침착했습니다. 수고를 아끼지 않고 천천히 그리고 주의 깊게, 연습 과정을 진행시켜 나갔습니다. 그는 우리에게 각 부품의 이름을 말해 주고 그것을 어디에 고정시키는지 보여 주었고, 잡념을 갖거나 딴전을 피울 여지는 조금도 남겨 두지 않았습니다. 그는 그 과정을 반복하여 실시하도록 했습니다. 동료 훈련병들은 대부분 재빨리 요령을 터득했지만 나는 그렇지 못했습니다. 다소 실망이 되었고, 내가 해병대 생활을 잘 해내지 못할 것 같은 생각이 들어 걱정하기 시작했습니다. 그러나 교관은 가르치기를 그만두지 않고 계속했고 나도 꾸준하게 배웠습니다. 여러 차례에 걸쳐 체계적이고 단계적인 시범과 설명을 보고 들은 후에야 나는 비로소 이해하기 시작했습니다. 얼마 지나지 않아서 나도 다른 친구들만큼이나 빠르게 M1 소총을 분해 결합할 수 있게 되었습니다. 분해 결합 시합을 벌이면 나는 선두와 별 차이 없이 해낼 수 있었습니다. 결국 나도 조작법을 숙달할 수 있게 되어 우쭐하는 기분을 느꼈습니다.

그러자 이번에는 깜짝 놀랄 일이 생겼습니다. 밤에 빛이 전혀 없는 깜깜한 경우에 소총을 조작해야 할 상황에 대비하여, 우리는 눈을 가리고 분해 결합 시합을 하게 되었습니다. 눈을 가리고! 예, 그렇습니다. 그러나 이번에는 자신이 있었습니다. 심지어 우승까지도 바라볼 수 있게 되어 흥미와 열의가 커졌습니다. 드디어 차례가 되어 자신 있게, 열심으로 그것에 달라붙었습니다. 비록 우승은 못 했어도 나는 상당히 좋은 성적을 거둘 수 있었습니다.

전기톱 조립에서의 실패와, M1 소총 분해 결합에서의 성공이라는 차이를 가져온 것은 무엇입니까? 문제의 복잡성 자체만은 아니었습니다. 차이는 개인적인 관심에서 나온 배려였습니다. 전자의 경우 일련의 지시만 있었습니다. 후자의 경우에는, 언젠가 전투에서 내 목숨을 구해 줄지도 모르는 기술을 나에게 가르쳐 준, 관심 깊은 지도자가 있었습니다. 내가 이해할 수 있는 방법으로 그 절차를 설명하고 시범을 보여 주면서 나를 도와준 사람이 있었던 것입니다. 바로 이것이 하나님의 사람들이 제자의 삶을 배우는 데 필요한 사항입니다. 즉 옆에서 시범을 보여 주며 도와주는 사람이 필요한 것입니다.

제자를 삼는 자가 필요함

지난 봄, 한 기독교 기관의 수양회에서 말씀을 전하는 기회가 있었는데, 그때 신임 간사 한 명과 함께 점심 식사를 하게 되었습니다. 그는 최근에 신학교를 졸업하였고 주님을 위해 풍성히 열매를 맺을 사역에 대한 기대로 꿈이 부풀어 있었습니다. 새 그리스도인들의 필요에 대해 토의하던 도중 그는 자기 셔츠 주머니에 있던 메모지를 꺼내 간단한 도표를 그렸습니다. 그 도표는 그리스도인의 성장에서 볼 수 있는 몇 단계를 보여 주는 것이었습니다. C는 그리스도께 대한 회심점을 나타내며, D는 그리스도인이 성숙하고 헌신되어 열매 맺는 제자가 된 시점을 나타냅니다.

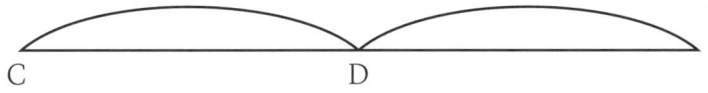

그는 자기가 신학교에서 부딪혔던 문제 가운데 하나가 대부분의 학생들이 배우고 있는 것이 이미 성숙한 제자 수준의 사람에게나 설교할 내용이라고 했습니다. 그들은 미묘한 성경 교리나 신앙에 관한 복잡한 문제를 설교할 수 있기 위해서 배운다는 이야기였습니다. 그러나 이런 식의 설교는 새로운 그리스도인들의 필요를 제대로 채워 주지 못합니다. 초신자에게는 기본적인 삶에 숙달하는 방법을 보여 줌으로써, 예수님께서 말씀하셨듯이 서로 사랑하며, 말씀 안에 거하면서 열매 맺는 삶을 살아가는 사람, 즉 성숙하고 헌신된 제자가 **되도록** 도와주어야 합니다(누가복음 9:23, 요한복음 13:34-35, 8:31, 15:8 참조). 그 간사는 장차 양 떼를 먹이러 나갈 젊은이들이 섣불리 너무 많은 기대를 하는 느낌이 든다고 말했습니다. 사람들이 단순히 기도하라는 말을 듣기만 하면, 기도하는 법을 알게 될 것이라는 말이었습니다. 또 성경을 공부하라고만 하면, 성경공부를 하는 방법을 알게 되고, 증거하라고 하면 곧 증거할 것이라고 예상한다는 것이었습니다. 그는 사람들에게 이런 것을 시행하는 방법을 보여 주는 것이 필요하다고 생각했습니다. 나도 동감이었습니다.

어떤 사람에게 활자가 미세하고 그림 하나 없는 1,500페이지 짜리 책을 한 권 건네주고 그것을 완독하여 그 가르침을 자기 삶에 적용해 보라고 말했다고 해서 그가 그렇게 하리라고 여긴다면 그것은 지나친 가정입니다. 그에게는 방법을 보여 주어야 합니다. 예수님께서도 제자들에게 기도하는 법을 가르쳐 주셔야 했으며, 실제로 예수님은 그들에게 기도의 본을 한 가지 주셨습니다(누가복음 11:1-4).

도슨 트로트맨은 이 점의 중요성을 잘 알고 있었습니다. 그는 말하는 것이 곧 가르치는 것은 아니며, 듣는 것이 곧 배우는 것은 아님을 우리에게 자주 일깨워 주었습니다. 그는 우리에게 새로운 그리스도인들을 돕기 위한 5단계로 된 프로그램을 소개해 주었습니다.

- ❖ 무엇을 할 것인가 말해 줌.
- ❖ 왜 하는가를 말해 줌.
- ❖ 어떻게 하는가를 보여 줌.
- ❖ 시작하도록 도와줌.
- ❖ 지속하도록 도와줌.

도슨은 특히 보여 주는 것을 강조했습니다. "그의 손을 잡고 데리고 가서, 처음부터 끝까지 그를 이끌어 주십시오" 하고 말하곤 했습니다.

본의 필요성

해병대를 제대한 직후에, 나는 그리스도를 믿게 되었습니다. 그로부터 몇 달이 지난 뒤 도슨을 만나게 되었는데, 그가 가르치는 방법은 큰 공감을 불러일으켰습니다. 나는 해병대 시절에 명쾌한 지도와 끊임없는 인내로 나를 훈련해 주었던 교관이 생각났고, 그 똑같은 본이 영적 훈련 과정에서도 어떻게 그렇게 잘 들어맞는지 신기할 정도였습니다.

오늘날 교계에 커다란 필요 중 하나는 본입니다. 그리스도의 제자로서 높은 수준의 사람들에게나 해당되는 설교 내용을 너무 자주 접하게 됩니다. 그렇게 될 때 그런 수준에 다다르지 못한 사람들은 어떻게 되겠습니까? 그렇다면 이제 그들이 구원의 확신을 가질 수 있도록 돕기 위해서 무엇을 해야 하겠습니까? 그들이 기도와 성경공부를 생활화하도록 돕기 위해서는 어떻게 해야 하겠습니까? 그리스도에 대해 증거하고 나중에는 이런 중요한 영역에서 다른 사람을 훈련하는 법까지 배우게 하려면 어떻게 도와야겠습니까? 어린 그리스도인들에게는 어떻게 해서든지 그들에게 필요한 것을 채워 주어야 합니다. 그러므로 그들과 함께 전 과정을 걸어가며 그들을 도와줄 사람이 필요합니다.

여자들의 경우 옷 한 가지라도 제 손으로 만들려면, 맨 처음 하는 일이 무엇입니까? 가게에 가서 본을 구입하는 것이 아니겠습니까? 마찬가지로 성장하는 그리스도인에게 가장 먼저 필요한 것도 본이 아니겠습니까? 그는 이제 막 어두움에서 빛으로, 사탄의 권세에서 하나님께로 나아왔으며, 죄를 회개하고 믿음으로 예수님께로 돌이켰습니다. 성령께서 그의 삶 가운데 은혜의 기적을 일으키셔서 이제 그는 전혀 새로운 세계 속에서 살게 된 것입니다.

그런즉 누구든지 그리스도 안에 있으면 새로운 피조물이라. 이전 것은 지나갔으니, 보라 새것이 되었도다. (고린도후서 5:17)

그렇다면 이제 해야 할 첫 번째 단계는 무엇입니까? 그는 여기로부터 어디로 가는 것입니까? 무엇이 필요합니까? 물론 그에게는 어떻게 걸어갈지를 가르쳐 주는 사람이 필요합니다.

저 안에 거한다 하는 자는 그의 행하시는 대로 자기도 행할지니라. (요한일서 2:6)

그러나 저절로 이렇게 되는 것은 아닙니다. 그는 하나님과 동행하는 것을 배워야 합니다. 그러나 어떤 것으로부터 배울 수 없고, 어떤 사람에게서 배워야 합니다. 내가 전기톱을 가지고 이리저리 씨름을 했을 때, 내 곁에는 어떤 것이 있었습니다. M1 소총의 경우에는 어떤 사람, 즉 나에게 헌신적으로 깊은 관심을 쏟아 주며, 인내로 대해 준 지도자가 있었습니다. 지금까지 해병대 교관에 대해 이야기했던 내용 그대로입니다. 그는 지칠 줄 모르는 의욕이 있었고, 뿐만 아니라 규율도 없고 게으르며 마음이 산만하게 흩어져 있는 한 무리의 민간인들을 맡아서 그들을 해병대원으로 만드는 일에 헌신되어 있었습니다. 그는 과연 그 일을 해냈습니다. 그는 우리에게 해병대의 본이었고 이상이었습니다.

사도 바울이 디도에게 범사에 선한 일의 본을 보이라고 말한 이유가 무엇이라고 생각됩니까? 또 디모데에게는 왜 믿는 자의 본이 되라고 말했습니까? 바울 자신이 스스로 부지런히 다른 사람에게 본을 보이기를 힘썼던 이유가 무엇입니까? 그 까닭은 사람들에게 첫 번째로 필요한 것은 본을 보여 주는 것이기 때문입니다.

지속적인 본

따라야 할 본이 필요한 것은 비단 새 그리스도인에게뿐만이 아닙니다. 하나님의 영광을 위해 살아가는 경건한 삶의 본은 계속 모든 그리스도인들에게 필요합니다. 예수님께서는 우리를 위하여 바로 이 일을 하셨습니다.

이를 위하여 너희가 부르심을 입었으니, 그리스도도 너희를 위하여 고난을 받으사 너희에게 본을 끼쳐, 그 자취를 따라오게 하려 하셨느니라. (베드로전서 2:21)

예수님께서 보이신 것과 같은 본을 보여 줄 때, 지도자는 사랑과 존경을 얻습니다.

최근에 교회에 계신 여러 교역자 중에 한 분인 빌 목사님과 이야기를 나누게 되었습니다. 마침 그때 그는 한 그룹의 젊은이들과 함께 텍사스주의 엘패소에 있는 한 개척 교회를 도우며 3주간을 보내고 조금 전에 돌아와 있던 참이었습니다. 그들은 여름 성경 학교를 이끌고, 교회 학교 지도를 맡고, 마음을 다하여 교회를 수리하고 페인트칠을 하는 데 많은 시간을 보냈습니다. 나는 그가 좀 야윈 모습이어서 건강 상태를 물었습니다. 그는 3주 동안 일행들과 함께 교회 마룻바닥에서 잠을 잤고, 돌아오는 길에는 24시간 동안 꼬박 한 잠도 못 잤다고 대답했습니다. 오랜 시간 동안 꽤 어려운 일을 겪었음에도 불구하고 그들은 하나님의 일에 대한 열정과 높은 동기를 듬뿍 얻어 가지고 교회로 돌아왔습니다. 이렇게 되기까지는 빌의 역할이 지극히 컸다고 나는 확신합니다.

빌은 현재 교회 청년부를 지도하고 있는데, 몇 달 전에는 나에게 '제자의 날'에 그룹 토의가 있는데 그 토의 그룹을 인도해 달라는 부탁을 했습니다. 그래서 우리는 토요일 아침 일찍부터 오후 늦게까지 제자의 삶에 대해 토의하였습니다. 점심시간에는 주위에 모여든 청년 몇 명과 함께 이야기를 나누면서 어떻게 그들 그룹이 교회 내에서 가장 성장이 빠르며 열심 있는 부서가 될 수 있었는지 물어보았습니다. 빌 목사님의 삶과 모본 때문이라는 대답이 곧 튀어나올 듯했습니다.

"그럼요, 정말 그분은 잘 가르치는 분입니다" 하고 그들은 내게 다짐을 주듯 말했습니다. "그러나 진짜 비결은 그분의 말에 있지 않고, 그분의 삶과 인격 자체에 있어요"라고 대답할 때 그들의 눈은 생기가 흘러넘쳤습니다. 이어 그들은 그리스도에 대한 그의 깊은 신앙과 그들 각자를 위하여 헌신된 삶의 모습에 대해 내게 여러 가지 예를 들어 설명해 주었습니다. 빌은 그들의 필요를 채우는 일에 밤낮을 가리지 않고 자신을 드렸고, 그들을 위해 기도하고 인내하며 그들을 자신의 삶 속에 받아들였던 것입니다. 한때 빌은 교회의 전체 교육 책임자직을 맡기도 했는데 그 자리를 사임하고 청년부 사역을 지도하는 데만 자신의 몸과 마음을 바치고 있습니다. 그들은 이것을 알고 있었고, 이 때문에 더욱 그를 사랑하고 있습니다. 빌에게는 이 사역이 매주 많은 시간을 요하며 상담을 많이 해 주어야 하는 과중한 일입니다. 하지만 그의 쾌활한 성품은 언제나 그의 삶 속에 계신 성령의 기쁨을 반영해 줍니다.

교회 청년부원들에게 끼친 빌의 본은 잠언 17:22에 있는 진리를 여실히 보여 줍니다. "마음의 즐거움은 양약이라도, 심령의 근심은 뼈로 마르게 하느니라." 생각해 보십시오. 빌이 만일 엘패소 여행에서 자기가 딱딱한 마룻바닥에서 자거나 때로는 한숨도 자지 못하고 지낸 것에 대해 밤낮 불평하고 다녔다면 함께 움직인 사람들에게 어떤 영향을 미쳤겠습니까? 분명 그들의 동기와 사기는 말이 아니었을 것입니다. 즐거운 마음이 다른 사람에게 즐거운 마음과 감사하는 마음을 낳듯이, 투덜거리고 불평하면 더 많은 불평과 불만이 생기게 됩니다.

어느 추운 겨울 이른 아침에 나는 기분이 썩 좋지 않은 상태에서 집을 나섰습니다. 지난밤 내내 이웃집 개가 요란하게 짖어대서 잠을 설친 까닭이었습니다. 그날따라 허기가 지고 더 춥게 느껴졌습니다. 론 쎄니 팀에서 계획한 오전 6시 30분에 갖는 기도 모임에 가는 길이었지만 영 내키지 않았습니다. 도착했을 때도 나는 여전히 시무룩하고 부루퉁했습니다. 잠시 후에 론 쎄니가 걸어 들어왔습니다. 그는 최근에 하나님께서 즐거운 마음과 감사하는 마음이 얼마나 중요한가에 대하여 가르쳐 주신 내용을 우리에게 나누었습니다. 그리고 이어서 그는 이 주제에 대한 구절들을 몇 개씩만 인용해 보자고 제안했습니다. 그가 먼저 자기 삶에 깊은 영향을 준 구절 서너 개를 인용했는데, 기쁨과 감사에 대한 성경 구절을 인용했을 뿐만 아니라, 그의 눈과 얼굴에 감도는 미소, 그리고 전체 표정에서 풍겨 나오는 평안한 모습을 통해 기쁨과 감사의 태도를 몸으로 전달해 주었습니다. 나는 도전이 되기는 했지만 여전히 침묵을 지켰습니다. 조지 산체스, 잭 메이홀, 도널드 맥길크리스트 등이 차례로 몇 구절을 인용하고 그 내용과 의미도 이야기했습니다. 그러자 나의 마음도 풀리기 시작했습니다. 그 모든 말씀이 나의 잘못된 상태를 바로잡는 데 도움이 되었지만 특히 론 쎄니가 그의 태도와 품행을 통해 전달해 준 것이 더욱 큰 도움이 되었습니다. 잠언에서는 이렇게 말씀합니다.

> 철이 철을 날카롭게 하는 것같이, 사람이 그 친구의 얼굴을 빛나게 하느니라. (잠언 27:17)

그날 아침 나는 론 쎄니의 본이 나를 날카롭게 만들어 주는 것을 경험했습니다. 하나님께서는 이 본을 통하여 내 삶의 중요한 필요 중 하나를 채워 주셨습니다.

지도자가 이 진리를 기억할 때, 그와 함께하는 사람들은 영향을 받게 되고 주님을 위하여 더욱 생산적인 삶을 살게 될 것입니다. 그 이른 아침 기도 모임 때 론 쎄니가 보여 준 본의 결과로 내 삶에 두드러진 변화가 일어났습니다. 나는 밝은 측면을 내다보는 경향이 이전보다 더 강해졌습니다. 이것은 물론 그리스도를 증거하는 삶에도 많은 도움을 주었습니다. 우리 자신이 삶의 주요 영역에서 실패하는 삶을 살고 있을 때, 그리스도 안에 있는 기쁨과 승리의 삶에 대해 다른 사람에게 이야기한다는 건 여간 어려운 일이 아닙니다. 우리 모두에게는 경건한 삶에 대한 지속적인 본이 필요합니다.

방법을 알려 줌

좋은 본에는 힘이 있습니다. 누군가가 우리에게 좋은 본을 보여 줄 때 우리는 전에 미처 꿈도 꾸지 못했던 것을 배울 수 있습니다. 최근에 댈러스 신학교의 기독교 교육학과 교수인 시드 버젤이 지도력에 대한 짧은 강좌를 하나 맡아 달라고 부탁해서 강의를 하게 되었습니다. 한번은 강의 중에 아직 넥타이를 한 번도 매어 보지 못한 학생이 있는지 물었습니다. 마침 한 사람이 손을 들기에 나는 교단에서 내려가 그에게 가까이 다가가서 매우 간단한 것이니까 설명을 주의 깊게 들어 보라고 했습니다.

"먼저, 넥타이의 넓은 부분을 오른쪽으로 하여 목 위에 걸치십시오. 다음에는 넓은 부분이 좁은 부분보다 훨씬 길게 넓은 쪽을 밑으로 내리십시오. 그다음 길고 넓은 부분을 당신의 왼쪽 팔목과 넥타이의 좁은 부분 사이의 틈을 통해 위에서 아래로 내리고, 좁은 부분과 긴 부분이 만나는 지점을 꼭 잡으십시오. 이번에는 길고 넓은 부분을 위로 올리고, 그것을 넥타이의 양끝이 만드는 V자를 통해 내리십시오. 그다음 다시 길고 넓은 부분을 당신의 엄지손가락과 검지가 붙잡고 있는 그 지점의 윗부분 위로 던지고 다시 그것을 V자를 통해 밀어 올린 다음, 매듭 구멍 사이로 내리십시오. 이제 그것을 죽 펴고 매듭을 바로잡으면 됩니다."

나는 분명하게 차근차근히 이 단순한 동작을 설명해 주고, 그에게 넥타이를 맬 수 있겠느냐고 물어보았습니다. 그는 뭐가 뭔지 모르겠다는 표정이었습니다.

이제 내가 질문 하나를 하겠습니다. 그리스도 제자의 삶을 살면서 다른 사람에게 그와 동일한 삶을 살도록 가르쳐 주는 방법과 넥타이 매는 법 중 어느 것이 더 배우기 쉽겠습니까? 넥타이 매는 법이 더 쉽다는 것은 뻔한 사실입니다. 그러나 이것조차도 설명한 다음에는 시범을 보여 주어야 합니다. 10분 내에 나는 그 학생에게 넥타이 매는 법을 보여 줄 수도 있었습니다. 넥타이 한 끝을 그에게 주었다가 다시 이어받는 과정을 되풀이했을 것입니다. 사실 이 방법은 내가 아들 랜디에게 넥타이 매는 법을 가르쳐 줄 때 사용했던 것입니다. 이 일은 방법을 말해 주는 것 이상의 노력이 들었습니다. 나는 그 과정을 그와 함께 한 단계 한 단계 밟아 나갔습니다.

방법을 알려 주지 않고 도전만 하면 종종 좌절하게 되고, 좌절은 사기를 떨어뜨립니다. 새롭게 그리스도인이 된 사람들은 기도하고, 성경을 공부하고, 증거할 것 등에 대해 도전을 받고 거듭거듭 시도하고 노력해 보지만 자주 실패를 경험합니다. 왜 그렇습니까? 아무도 방법을 보여 주지 않기 때문에 그렇습니다. 그러나 나의 동료 그리스도인들을 통해 주님께 인도된 수많은 사람들의 경우 그들에게는 계속적으로 한 걸음 한 걸음 제자의 삶을 살아가도록 동행해 주는 사람이 있었기 때문에 그들은 깨닫는 것이 빨랐습니다. 즉 자세히 바라보고 듣고 난 후, 스스로도 실행해 보게 되고, 그러고 나서 배울 수 있게 되었던 것입니다.

좌절이 사기를 떨어뜨리는 반면 승리는 동기를 높여 줍니다.

자신의 시간을 들여 사람들에게 제자로서의 삶의 단계를 하나 하나 밟아 나가도록 이끌어 가십시오. 그러면 그 지도자는 승리 와 기쁨이 충만하고 동기력이 높으며 생산적인 일단의 무리를 얻게 됩니다. 이들의 삶은 결국 하나님께는 영광이요 주위 사람 들에게는 축복을 안겨 줄 것입니다.

4
활력을 주는 지도자

지도자의 자질
지도자 후보생의 계발

이발소 문을 들어서기도 전에 나는 뭔가 좀 달라진 것을 느꼈습니다. 여느 때와 같이 라디오가 켜져 있긴 했으나 흘러나오는 음악은 우리 지방 방송국에서 보내 주는 달콤한 웨스턴 컨트리 곡조가 아니었습니다. 그 대신 오리 1,000마리가 꽥꽥거리는 소리와 빈 깡통 100개가 부딪치는 소리가 뒤섞인 듯한 악단의 연주가 시끄럽게 울렸습니다. 문을 열고 들어섰을 때는 소음으로 현기증을 느낄 지경이 되었습니다. 나는 빈 의자에 앉아서 차례가 오기를 기다렸습니다.

머리를 깎아 주고 있는 두 사람은 전에 보지 못하던 사람이었습니다. 10년 동안이나 내 머리를 깎아 왔던 이발사 엘돈 씨는 어디 갔는지 보이지 않았습니다. 그 대신 청바지에 티셔츠를 걸친 젊은 남자와 긴 자루 같은 치마와 수놓은 블라우스 차림에 샌들을 신은 젊은 여자가 있었습니다. 조금 후에 그 여자가 내 쪽을 향해 소리쳤습니다. "이제 손님 차례예요."

내가 의자에 앉으니 머리를 어떻게 깎겠느냐고 물었습니다. 라디오 소음 때문에 거의 외치듯이 옆머리를 조금만 남기고 짧게 쳐 달라고 말했습니다. 또 짧은 구레나룻은 없애 달라고 했습니다. "알겠습니다. 한데 약간 구식이군요." 다소 곤란해하는 눈치였지만 곧 시작하였습니다. 전에 이런 식의 이발을 해 본 적이 한 번도 없는 것 같았습니다. 머리카락이 귀를 덮고 뒷부분의 머리카락이 셔츠 칼라에까지 닿게 하는 스타일의 이발에 익숙해 있었기 때문에, 내 머리도 그런 식으로 깎으려는 듯이 약간만 손질할 뿐이었습니다. 나는 이발사가 시끌시끌한 라디오 소리에 묻혀 내 말을 알아듣지 못했나 보다 생각하고 잠자코 있었습니다.

이발사가 가위질을 시작한 지 몇 분 뒤에 엘돈 씨가 들어오더니 내가 앉아 있는 의자 곁으로 다가왔습니다. 내 머리 스타일이 보통 때와는 다르게 되어 가고 있는 모습이 그의 눈에 금방 띄었습니다. 그는 그 여자에게 큰 소리로 내가 원하는 머리 모양을 보여 주겠다고 말했습니다. 그는 내 머리를 손질하기 좋은 위치까지 의자 높이를 조절한 후 전기 이발기를 켜 들고 머리를 깎기 시작했습니다. 그 여자의 눈은 점점 더 휘둥그레져 갔습니다. 그는 귀 근처의 머리를 바짝 깎아 낸 다음 뒷머리를 듬성듬성 잘라 냈습니다. 그는 매번 그 여자에게 설명해 가면서 계속해 나갔습니다. 한참 뒤 그가 손질을 멈추고 그 여자를 불러 마무리 지으라고 말하자, "좋아요" 하고 대답하며 미소를 지어 보였습니다. 그 여자는 의자의 조절법을 그에게 물어 일하기에 알맞은 위치까지 의자 높이를 조절한 후 마지막 손질을 하였습니다. 그 이발사는 엘돈 씨로부터 약간의 도움을 받고 일을 제법 잘 해냈습니다.

이 일을 통해 나는 한 가지 교훈을 배울 수 있었습니다. 이용 학원에서 아무리 오랫동안 배운다고 해도 모든 고객을 흡족하게 해 줄 수 있을 만큼의 기술을 습득할 수는 없다는 것입니다. 이용 학원을 마치고 나면 어느 수준까지는 이발사로서의 자격 요건을 갖출 수 있을지 모르지만 계속적으로 기술을 계발해 나가지 않으면 안 됩니다. 어떤 경우에는 특별한 도움이 필요한 상황에 놓이게도 될 것입니다.

　이것은 그리스도인의 삶과 사역에서도 마찬가지입니다. 지도자는 함께하는 사람들이 계속 성장하고 있는지 확인하며 이끌어 가야 합니다. 새 그리스도인에게는 순전한 말씀의 젖과 많은 사랑과 보호 및 그리스도의 가족의 일원이 되었다는 소속감 등이 필요하며, 또한 말하고 행하는 면에 있어서도 훈련이 필요합니다. 성장하는 제자에게는 매일의 경건의 시간, 지속적인 성경 공부와 성경 암송을 위한 훈련이 필요하며, 증거하고 간증하는 법을 익힐 수 있도록 하기 위해서도 도움이 필요합니다. 또한 그는 다른 사람을 섬기는 삶이 생활화되어야 합니다.

　제자삼는 일꾼에게 필요한 것은 믿음에 대한 여러 중요한 교리의 기초 위에 든든히 서고, 거룩하고 헌신된 삶의 깊이가 깊어지며, 사역의 기술이 발전되는 것입니다. 또한 그리스도의 주재권 및 개인의 중요성과 잠재력에 대한 분명한 비전에 철저히 헌신해야 합니다. 마지막으로 지도자 후보생은 장차 독립적으로 이끌어 나가야 할 어려운 상황에 대비하여 준비되어야 합니다. 새 그리스도인, 성장하는 제자, 제자삼는 일꾼, 그리고 지도자 후보생 등 이들 모두는 자신들의 성장과 계발을 헌신적으로 돕고 있는 사람들의 보호 아래 있음을 알게 될 때, 그들의 사기와 동기는 높아질 것입니다.

　젊은 지도자 200명이 모인 자리에서 나는 그들 중 절반가량 되는 사람들과 면담을 했습니다. 내가 던진 질문 가운데 하나는, "당신이 속한 지역의 선교 책임자를 따르는 이유는 무엇입니까?"였습니다. 이에 대해 다음 세 가지 답변이 가장 많았습니다.

- ❖ 지도자의 비전. 그는 그들에게 비전을 심어 주었습니다. 그들의 삶에 중요한 의미를 주는 놀라운 계획을 전달해 주었습니다.
- ❖ 지도자의 유용성. 그 젊은이들이 상담과 기타 도움이 필요할 때, 그들 지도자는 항상 곁에 있었습니다.
- ❖ 지도자의 헌신. 이 젊은 사람들 중에서 압도적 다수의 사람들이 지도자를 따르는 이유는, 그가 자기들의 성장과 영적 삶의 발전을 위해 헌신되어 있음을 알았기 때문이라고 했습니다. 그리고 이것은 계속 기쁨으로 자기 직무에 참여하게 하는 동기가 되었습니다. 그들의 동기는 그들이 이용당하고 있는 것이 아니라, 오히려 도움을 받고 양육을 받고 있으며, 더 나은 사람이 되어 가고 있다는 깊은 안정감으로부터 우러나온 것이었습니다. 지도자는 전적으로 그들에게 헌신되어 있었습니다.

그는 자기의 행복이 아닌 그들의 행복에, 자기의 욕심과 영광이 아닌 그들의 성장에, 어떤 일 자체가 아니라 그들 자신에게 헌신되어 있었습니다. 그들은 이 사실을 알았기 때문에, 예수 그리스도의 지상사명 성취를 돕는 영적 전투에 기쁨으로 함께 진군해 왔던 것입니다.

지도자의 자질

높은 수준의 동기와 사기를 유지하기 위해서, 지도자는 자기와 함께하는 사람들이 최대로 잠재력을 발휘할 수 있도록 도와주고 계발해 주어야 합니다. 자기가 돌보고 있는 사람들의 성장을 돕기 위해 지도자가 갖추어야 할 것이 몇 가지 있습니다. 지도자에게는 적어도 아래 네 가지 자질이 필수적으로 구비되어야 한다고 잠언은 기록했습니다.

1. 정직

지도자는 자기 사람들에게 절대적으로 정직해야 합니다.

면책은 숨은 사랑보다 나으니라. 친구의 통책은 충성에서 말미암은 것이나, 원수의 자주 입맞춤은 거짓에서 난 것이니라. (잠언 27:5-6)

목자 없는 양처럼 사람들은 방황하기 쉽습니다. 그들 모두에게는 바른길로 행할 수 있기 위해서 도움이 필요합니다. 선한 목자의 특징 중 하나는 양 떼를 돌보고 살피며 독초와 으르렁대는 맹수와 가파른 벼랑 등으로부터 그들을 보호하기 위해 자기가 할 수 있는 모든 일을 다 하는 것입니다.

이와 똑같이 사랑과 관심 가운데 경책을 해야 합니다. 솔직한 경책이란 '자유롭고 숨김없이 정직하게 말하는 것'을 뜻합니다. 그러한 정직이 때로 마음을 상하게 할지도 모릅니다. 그러나 내가 확신하기로는, 우리는 모두 다 아무런 유익도 주지 못하는 의사한테 듣기 좋은 치료를 받기보다는 오히려 건강에 도움을 줄 수 있는 의사에게서 엄격한 치료를 받으려 할 것입니다. 소심한 나머지 잘못이 있는 사람을 제대로 돕지 못하고 그냥 방치해 두는 사랑은 결코 사랑이라고 할 수 없습니다. 비록 마음을 상하게 하는 사랑일지라도 주님께 가까이 나아가도록 해 주지 못하는 나태한 사랑보다는 훨씬 낫습니다. 사랑은 어떤 사람이 위태롭게 되었을 때 침묵해서는 안 됩니다. 이는 지도자가 져야 할 짐 중 하나입니다. 사람들은 자신들이 안고 있는 문제의 정곡을 지도자가 찔러 주고 필요한 때에 필요에 맞는 도움을 준다는 것을 알면, 그들의 사기와 동기는 앙양되고 그들의 삶은 계발될 수 있을 것입니다.

어느 여름 나는 네브래스카주의 한 성경 캠프에서 우리의 여름 훈련 프로그램 중 하나가 진행되고 있던 곳을 방문하게 되었습니다. 나는 프로그램을 훑어보고 팀들을 살펴보았을 때, 혹시 프로그램 책임자가 실수하지는 않았나 하는 생각을 갖게 되었습니다. 팀 리더 중 한 명이 직선적이고 냉철하며 거침없이 말하는 사람이었는데, 그의 팀에 다소 내향적인 사람이 여섯 명이나 끼어 있었던 것입니다. 나는 이 팀 리더가 그들을 몰아붙여서 그들로 더욱더 자신의 문제에만 집착하게 만들지는 않을까 염려가 되어, 이러한 점을 책임자에게 이야기해서 좀 변경해야겠다고 생각하였습니다. 막상 그에 대하여 말하려고 하니 주님께서 주시는 마음의 자유로움이 없었습니다. 결국 말을 꺼내지 못한 채 그대로 넘기며 훈련장을 떠날 때 나는 다소 염려가 되었지만 그 팀을 위해서 구체적으로 기도하리라 마음먹게 되었습니다.

몇 주 지나서 상황이 잘되어 가는지 알아보려고 캠프로 돌아왔습니다. 나는 프로그램 책임자로부터 내 마음에 염려가 되었던 바로 그 팀이 사기가 가장 높고 단결이 제일 잘되는 팀이라는 설명을 듣고 한편 놀랍기도 하고 기쁘기도 했습니다. 나는 거기 머무르는 동안 그 여섯 명의 팀 멤버와 이야기를 나누면서, 그들이 프로그램에 대해 어떻게 생각하며 그들의 팀 리더와 어떻게 지냈는지 물어보았습니다. 그들은 프로그램을 인하여 감사하고 있으며 그들 리더와 참으로 좋은 관계 가운데 유익한 시간을 보냈다고 대답했습니다. 나는 그들이 어떻게 그를 그렇게 존경하게 되었는지 이유를 물었습니다. 도대체 어떻게 하였기에 그들로부터 그처럼 신뢰와 존경심을 얻게 된 것입니까? 그들이 그에게 감사하게 여기고 있던 것은 그가 그들과 함께하면서 모호한 태도를 보이지 않았다는 사실이었습니다. 언제나 솔직하고 공정했습니다. 그는 열정적으로 그들을 격려하면서도 고쳐야 할 것이 있을 때에는 그것에 대해 툭 털어놓고 이야기하는 것을 꺼리지 않았습니다. 간단히 말해서, 그는 그들에게 정직했습니다. 그들은 솔직하고 정직한 지도자 밑에서 한 팀으로 뭉쳐 넘치는 기쁨과 강한 동기력을 유지하였고, 그러한 훈련을 받을 수 있는 특권을 주신 주님께 매우 감사하고 있었습니다.

사람을 경책하는 자는 혀로 아첨하는 자보다 나중에 더욱 사랑을 받느니라. (잠언 28:23)

2. 헌신

지도자는 좋을 때나 나쁠 때나 항상 사람들과 함께해야 합니다. 사람들이 책임을 수행해 내지 못하거나 영적인 삶에서 퇴보를 겪고 있을 때라도 지도자는 그들을 내버려두고 떠나서는 안 됩니다.

친구는 사랑이 끊이지 아니하고, 형제는 위급한 때까지 위하여 났느니라. (잠언 17:17)

그는 깊은 관심과 사랑으로 그들 곁에 서 있어야 합니다.

나는 1976년 여름을 워싱턴시에서 보냈는데 내가 맡은 책임 중 하나는 워싱턴과 볼티모어 지역에 있는 여러 교회에서 증거의 삶에 대한 분담 토의를 인도하는 것이었습니다. 그 교회 가운데 하나가 도시 복판에 있는 에버그린 침례교회였는데, 교인들이 흑인이었습니다. 월요일 밤 교회에 도착했을 때 나는 교회 밖의 보도 위에 서 있던 한 집사를 만났습니다. 우리가 이야기를 나누고 있을 때, 한 젊은 여자가 지나가고 있는 것을 보고 그는 그 여자를 불렀습니다. 그는 그 여자에게 그날 밤 교회에서 예배가 있다는 것을 상기시켜 주었습니다. 그 여자는 자기 어머니가 몸이 불편하므로 어머니 병간호를 해 주어야 한다고 설명했습니다. 그는 그 여자와 한참 이야기를 나눈 뒤에 참으로 어머니 병간호를 해 드리려는 것이지 교회에 빠지려고 변명하는 것이 아님을 확인하고는 만족해하는 듯했습니다. 그 여자가 가자 그는 내게 이렇게 말했습니다. "이 사람들은 자신들이 교회에 나오지 않았을 경우엔 으레 내가 가서 데려올 줄로 알고 있어요."

이것이 관심입니다. 또한 이것은 자기 책임을 완수하려는 지도자의 사려 깊은 마음입니다. 그 집사는 그들이 교회에 관심을 두지 않을 때조차도 그들에게 관심을 보여 주었습니다. 그는 그들의 행동이 옳든 그르든, 그들이 승리하는 삶을 살아가든 죄 가운데서 살아가든 그들을 사랑했습니다. 난관은 훌륭한 지도자로부터 사람들에 대한 사랑을 빼앗아 가기는커녕 오히려 그 사랑을 다져 줍니다. 제자들이 예수님을 버리고 도망하였을 때, 예수님도 그들을 버리셨습니까? 절대로 그렇지 않았습니다. 예수님께서는 "자기가 세상을 떠나 아버지께로 돌아가실 때가 이른 줄 아시고 세상에 있는 자기 사람들을 사랑하시되 끝까지 사랑"하셨습니다(요한복음 13:1).

오늘도 우리를 향한 주님의 사랑엔 여전히 변함이 없습니다. 주님께서는 우리의 연약함을 체휼하셨기 때문입니다. 지도자가 이처럼 그리스도를 닮은 특성을 나타내 보일 때 사람들의 충성심은 강해지고 그들의 헌신은 견고해지며 사기는 높아집니다. 이는 그들의 헌신과 열심이 결코 변하지 않는다는 의미는 아닙니다. 심지어 사도 베드로조차도 그리스도를 따르는 헌신에 관한 한 실패했던 한순간이 있습니다. 그러나 그리스도의 확고부동한 사랑을 통해, 베드로는 흔들리지 않는 충성과 헌신을 다질 수 있었고 하나님께 크게 쓰임을 받으면서 시련 가운데 있는 다른 사람들을 격려해 줄 수 있었습니다. 악행하는 자라고 그릇된 비난을 당하고 있던 성도들에게, '사랑하는 자들아, 너희를 시련하려고 오는 불 시험을 이상한 일 당하는 것같이 이상히 여기지 말라'고 써 보내면서 그들을 격려했습니다(베드로전서 4:12). 베드로는 좋을 때나 나쁠 때나 그리스도를 따르면서, 늘 마음에 기쁨을 누릴 수 있는 지경에까지 이르렀습니다. 심지어 무자비한 뭇매를 맞은 후에도 베드로를 비롯한 지도자들은 그리스도의 이름을 위하여 능욕받는 일에 합당한 자로 여기심을 기뻐하면서 공회 앞을 떠났습니다(사도행전 5:41). 그들을 사랑하셔서 그들을 위하여 자기 몸을 버리신 주님께 대한 그들의 헌신은 반석처럼 조금도 흔들리지 않았습니다. 그리스도께서 보여 주신 본이 사도들에게도 그와 같이 행동할 수 있는 동기를 주었던 것입니다. 그들의 충성심은 굳세었고, 헌신은 확고하였으며, 사기는 충천하였습니다.

3. 격려

지도자는 잘한 일에 대하여 칭찬을 아끼지 말아야 합니다. 우리 모두는 때때로 격려의 말이 필요하며, 누가 등을 두드리며 위로해 주는 것이 필요한 때가 있습니다. 그러나 칭찬은 좋은 영향을 끼칠 수도 있고 나쁜 영향을 끼칠 수도 있습니다.

도가니로 은을, 풀무로 금을, 칭찬으로 사람을 시련하느니라. (잠언 27:21)

칭찬은 성품을 가늠해 볼 수 있는 좋은 측정기입니다. 허영이 가득 차서 자기 영광을 구하며 인정받기에 급급한 사람에게 칭찬은 그의 약점을 더욱 부채질해 줄 뿐 아무런 유익이 없습니다. 반면에 지혜롭고 겸손한 사람의 경우에는 한마디 칭찬이라도 그가 더욱 그리스도를 위해 섬기는 삶을 살도록 격려해 주는 자극제가 될 수 있습니다. 그러므로 지도자는 자기가 이끄는 각 사람을 잘 알고 각 사람의 필요에 맞게 대해야 합니다.

좀 더 막중한 지도자의 책임을 맡아야 되는 사람의 경우라면 그를 훈련하는 지도자는 이런 칭찬이나 듣기 좋게 하는 말이 자칫 위험에 빠지게 할 수도 있다는 점을 주의하도록 가르쳐 주어야 합니다. 젊은 지도자가 훌륭하게 일을 해내면 주위 사람들로부터 정신을 차릴 수 없을 정도로 칭찬 세례를 받게 되는 수가 있습니다. 그러므로 그는 이런 때에도 자기 본분을 지키며 겸손하고 은혜로운 마음으로 칭찬받는 것을 배워야 합니다. 그는 잠시일지언정 그리스도만이 쓰셔야 합당한 면류관을 자기 머리에 씌우지 않도록 경계해야 합니다. 의도가 좋더라도 정도가 지나친 칭찬은 성령의 권능 안에서 잘 다듬어질 필요가 있습니다. 이 일은 아무도 혼자서 할 수 없습니다.

자기가 맡은 그리스도인들의 삶을 계발하여 주고자 애쓰는 지도자가 따라야 할 몇 가지 기본 원리는 다음과 같습니다.

❖ 지도자는 칭찬해 줄 때 조심해서 해야 합니다. 사람은 자기를 자랑하려는 마음을 죽이기가 여간 힘든 게 아니기 때문입니다. 따라서 지도자가 형제 자매들이 능히 감당할 수 없는 칭찬을 그 머리 위에 쏟아 놓다 보면 도리어 큰 해를 끼칠 수 있습니다. 형제든 자매든 연약한 자로 하여금 하나님께서 못마땅하게 여기시는 일을 하게 한다는 것은 결코 사랑의 행위가 될 수 없습니다.

❖ 지도자는 다른 사람들에게 사실 그대로의 칭찬을 받는 법을 가르쳐 주어야 합니다. 사실 그대로의 칭찬이란 정직한 가운데 격려하고자 하는 말입니다. 그러나 역시 기억해야 할 것은 마귀는 단 한 방울의 독을 떨어뜨려서도 지도자에게 엄청난 해악을 초래할 수 있다는 사실입니다. 지도자가 애써 수고하며 최선을 다했을 경우에는 자기에 대한 이 칭찬을 다루기가 갑절로 어려울 수 있습니다.

❖ 지도자는 그들에게 그들 자신은 단지 통로에 지나지 않는다는 점을 가르쳐 주어야 합니다. 힘을 주시고 일을 성취하시는 분은 그들 가운데 계신 그리스도이시기 때문입니다.

잠언 27:21에 "도가니로 은을, 풀무로 금을, 칭찬으로 사람을 시련하느니라"라고 말씀합니다. 이 말씀과 같이 칭찬으로 사람을 연단합니다. 사울과 다윗은 다 같이 칭찬의 도가니와 풀무를 거쳤습니다.

여인들이 뛰놀며 창화하여 가로되, "사울의 죽인 자는 천천이요, 다 윗은 만만이로다" 한지라. (사무엘상 18:7)

한 사람은 실패했고 한 사람은 그 시험에서 이겨 냈습니다. 그러므로 칭찬은 허영심 강한 지도자가 구하는 것이며 연약한 지도자는 칭찬으로 말미암아 해를 입을 수도 있습니다. 지도자의 참된 성품은 그가 칭찬을 어떻게 받아들이느냐에 따라 드러납니다.

나는 최근에 큰 회사의 초급 관리자와 이야기할 기회가 있었는데, 자기 회사에서 일어난 한 사건과 그 일이 자기의 동기와 사기에 미친 영향에 대해 듣게 되었습니다. 어느 날 그는 밤늦게까지 사무실에서 일하고 다음날 바로 출근해야 하는 때가 있었다고 합니다. 그가 감당해야 할 업무는 과중했고 이로 인하여 자기 자신이 좀 처량하다는 느낌마저 들었습니다. 아침나절이 반쯤 지날 무렵 전화벨이 울렸는데, 전혀 뜻밖에도 회사 사장이 건 전화였습니다. 다름 아니라 사장은 업무 부담으로 씨름을 하고 있는 그에게 그가 하고 있는 일에 대해 매우 감사하며 그의 탁월한 업무 수행을 칭찬하기 위해 전화했던 것입니다. 사장의 음성은 진실을 담고 있었고 그 관리자는 사장의 말에 전혀 꾸밈이 없음을 분별할 수 있었습니다. 이어서 사장은 그의 가족에 대해서 묻고, 집안일은 어떻게 돌아가며 그의 건강 상태를 비롯하여 기타 여러 가지 것에 관하여 물었습니다. 부담 없이 이야기를 나눈 후 사장은 전화를 끊었습니다. 이상의 이야기를 들려주고 난 뒤 그는 나를 빤히 쳐다보며 이렇게 말했습니다. "아시겠지만 나는 사장님이 정말 마음에 듭니다. 이따금 내 등을 툭툭 쳐 주는 이면에는 많은 의미가 있거든요."

4. 겸손
자신의 모든 수고 가운데서도 지도자는 하나님께서 사람들의 삶 속에서 직접 훈련 과정을 진행하고 계심을 기억해야 합니다.

> 도가니는 은을, 풀무는 금을 연단하거니와, 여호와는 마음을 연단하시느니라. (잠언 17:3)

여러 해 동안, 나는 네비게이토 선교회의 여름 훈련 프로그램에 직접 참여하였습니다. 우리는 기도 가운데 프로그램을 짜고, 간사를 선임하고, 훈련받을 사람들을 선발했습니다. 5주 내지 10주 동안 함께 지내면서 우리는 성경공부, 설교 듣는 시간, 소그룹 토의, 공동 작업, 각 참석자들 간의 개인 교제 등을 가졌습니다.

각 프로그램마다 분명한 목표가 있었습니다. 어떤 때는 전도에 초점을 맞추기도 하고 어떤 때는 성경공부에 주력했습니다. 또 어떤 경우에는 선교에 강조점을 두기도 했습니다. 각 순서가 끝날 무렵에는 지도자들이 참석자들을 다 함께 모이도록 하여 그들이 무엇을 배웠는지 알아보기 위해 평가 및 간증의 시간을 가졌습니다. 많은 경우에 그들이 프로그램을 통해서 얻은 유익이 우리 진행자들이 강조한 것과는 무관한 것을 보고 놀랄 때가 많습니다. 하나님께서 그들 각자가 갖는 경건의 시간이나 성경 공부를 통해서 친히 그들에게 말씀해 주시고 그들의 삶을 변화시켜 주셨던 것입니다. 우리는 이로부터 배운 바가 있습니다. 곧 사람들을 계발해 주기 위해서 우리는 할 수 있는 최선을 다해야 하지만, 하나님의 프로그램이 우리가 세운 것과 동시에 진행되고 있다는 사실을 항상 기억해야 한다는 점입니다.

 삶의 모든 국면에서, 사람들을 훈련하기 위해 그들의 삶 속에서 역사하시는 분은 하나님이시기에, 따라서 지도자는 주님께서 하고자 하시는 일을 하시도록 해 드려야 합니다. 어떤 곤란한 경우를 당하고 있는 사람을 발견하면 지도자 자신이 뛰어들어 그가 난관을 극복하도록 해 주려고 애쓰는, 즉 자기가 그의 하나님 역할을 해 보려는 경향이 있는데, 이는 잘못입니다. 잠언 17:3 말씀은 정련하는 풀무불 속에 들어 있는 금이나 은을 보여 주고 있습니다. 풀무불 속에서 정련되지 않는 한, 불순물은 그 속에 영원히 숨겨져 있게 됩니다. 표면을 아무리 닦아 내도 문제가 해결되지 않습니다. 필요한 것은 불입니다. 그저 표면이나 닦아 내는 부드러운 해결책은 결코 충분하지 못합니다. 사람의 마음 깊숙이 잠복해 있는 악은 표면으로 끄집어내어 없애 버려야 합니다. 지도자는 자기 사람들을 위해 기도함으로써 하나님의 온유와 사랑과 지혜에 그들을 맡겨야 합니다. 그리하여 하나님께서 뜻하신 바대로 역사하실 수 있도록 해야 합니다.

지도자 후보생의 계발

지도자 후보생을 계발하는 데 특별히 도움을 줄 수 있는 두 가지 원리가 있습니다.

1. 지혜롭게 선발할 것

지도자 후보생의 계발에 필요한 첫 번째 열쇠는 합당한 사람을 주의 깊게 선별하는 일입니다. 지도자로서 합당하지 못한 사람에게 지도자의 책임을 맡기려고 오랜 시간을 투자하다가 나중에 가서야 잘못 선택된 사람이라는 것을 깨닫게 된다면 그것은 이중의 비극입니다. 단 한 번밖에 없는 당신의 삶을 부적절한 사람에게 투자한다는 것은 돌이킬 수 없는 낭비와 같습니다. 또한 그 사람에게 가서 당신이 실수했음을 밝히고, 그의 삶의 방향을 다시 바꾸도록 돕는다는 것도 참으로 힘든 일입니다. 그는 자기 마음을 일단 지도자의 위치에 두었기 때문에 당신의 지도력과 자기 자신, 그리고 하나님께 대한 신뢰감을 쉽게 잃을 수 있습니다. 그와 같은 영적 상처를 치료하기 위해서는 몇 달이 아니라 몇 년이 소요될지도 모를 일입니다. 그러므로 기도 가운데 주의 깊게 사람을 택하십시오. 예수님께서 열두 제자를 택하시기 전 밤을 새워 기도하신 사실을 기억하십시오(누가복음 6:12-13 참조).

당신이 후보생을 찾을 때, 어떤 사람들은 당신의 교훈과 책망과 훈계에 긍정적인 반응을 나타내지만 어떤 사람은 그렇지 않다는 것을 염두에 두십시오.

거만한 자를 책망하지 말라. 그가 너를 미워할까 두려우니라. 지혜 있는 자를 책망하라. 그가 너를 사랑하리라. 지혜 있는 자에게 교훈을 더하라. 그가 더욱 지혜로워질 것이요. 의로운 사람을 가르치라. 그의 학식이 더하리라. (잠언 9:8-9)

어떤 사람은 도움과 조언을 받을 채비가 되어 있으나, 어떤 사람은 그렇지 못합니다. 그러나 이런 정도의 차이에 그치는 게 아닙니다. 어떤 사람들은 지도자로서 훈련을 받을 용량이 있지만, 어떤 사람들은 그렇지 못합니다.

2. 시간을 투자할 것

일단 하나님께서 지도자로 계발하기를 원하신다고 믿어지는 사람을 심사숙고하여 선발하였으면, 이제 두 번째 열쇠는 그 사람과 개인적으로 시간을 함께 보내는 것입니다.

철이 철을 날카롭게 하는 것같이 사람이 그 친구의 얼굴을 빛나게 하느니라. (잠언 27:17)

농가에서 자란 사람이면 그림을 보듯 생생하게 이 말뜻을 이해할 수 있을 것입니다. 아버지가 담금질한 강철 줄로 괭이, 낫, 자루 긴 삽 등을 날카롭게 갈고 계시던 모습이 아직도 기억에 선명합니다. 나는 여기에서 지도자 후보생들을 그들이 맡게 될 직무에 합당하도록 준비시켜 주기 위해 필요한 것이 무엇인지를 발견하게 됩니다. 그들과의 집중적이며 개인적인 교제를 통해 그들을 세워 주어야 하는 것입니다.

한번은 나는 미국에서 아주 훌륭한 그리스도인 지도자 한 사람 밑에서 일할 기회가 있었습니다. 하루는 함께 차를 타고 가던 중에 나는 몇몇 그리스도인과 그들이 하는 일에 대해 비판하기 시작했습니다. 사실 당시 나는 그 그룹에 속해 있는 한 사람이 자기들의 일에 대해 이러쿵저러쿵 하는 말을 듣고 그것을 앵무새처럼 되뇐 것에 불과했습니다. 그 지도자는 얼마간 조용히 듣고 있다가 나를 쳐다보며 몇 가지 예리한 질문을 던지기 시작했습니다. "그 사실에 대해서 당신이 실제로 아는 것은 얼마나 됩니까? 당신이 가지고 있는 정보는 직접 확인한 것입니까, 아니면 간접적으로 들은 것입니까? 당신은 그에 관한 자료를 모두 갖고 있습니까? 예를 들면, 당신은 이것을 알고 있습니까? 그리고 이 점은 어떻습니까?"

나는 머뭇거리기 시작했고, 내 얼굴은 당황한 나머지 붉어졌습니다. 그런 지경에 이르러 내가 적당히 얼버무리며 넘기려 하자, 그는 나에게 솔직하게 말하라고 다그쳤습니다. 내가 톡톡히 창피를 당하고 난 뒤, 그는 몇 분 동안 그 문제의 본질과 실상을 설명해 주었습니다. 그러고 나서 그는 성경을 펴서 나의 행동에 대하여 성경에서 말해 주고 있는 바를 나누어 주었습니다. 이를 통해 나는 지혜를 얻게 되고 귀한 교훈을 배울 수 있는 기회가 되었습니다. 그해 여름에 하나님께서는 이 사건과 아울러 몇 가지 다른 일을 통하여 나의 삶 가운데 있는 몇 가지 거칠고 모난

활력을 주는 지도자 89

점을 갈아 주셨습니다.

혹 당신이 이렇게 말할지도 모르겠습니다. "그렇지만 난 날카로운 사람이 못됩니다. 하나님께서 다른 사람을 날카롭게 하기 위해 나를 쓰실 수 있겠습니까?" 물론입니다. 다만 하나님께서 먼저 당신을 날카롭게 해 주셔야만 됩니다. 하나님께서는 다른 사람을 사용하셔서 당신을 날카롭게 하십니다. 주님께 쓰임받고 있는 사람들에게서 배우십시오. 책을 공부하는 것보다 사람을 공부함으로써 더 많은 점을 배울 수 있을 것입니다. 질문하는 법을 배우십시오. 사람들을 저녁 식사나 점심 식사에 초대하거나, 테니스 등의 운동 시합에 청하십시오. 사람들과 함께 시간을 보내고 그들을 연구하십시오. 관찰을 통해 배우십시오. 성령께서는 다른 사람들을 사용하셔서, 그분의 손안에서 위대한 연마 도구로 만드시기 위해 당신을 연단하고 훈련하실 것입니다.

하나님께서는 맡은 사람들을 계발해 주어야 할 책임을 그 지도자에게 주십니다. 지도자의 책임하에 있는 사람은 누구나 더 높은 수준의 계발과 훈련이 필요하다는 데에 예외가 있을 수 없습니다. 각 사람에게는 하나님께로부터 부여된 은사가 있는데, 성령께서는 그 은사를 사용하셔서 다른 사람들의 삶을 부요하게 하고 깊게 하심으로 그리스도의 몸을 세워 가십니다.

5
효율적인 지도자

하나님의 지시를 받을 것
사람들과 긴밀히 의사소통할 것
책임과 권한을 위임할 것
언제나 다가갈 수 있는 조력자가 될 것
정기적으로 평가할 것
요약

작년 겨울 첫 눈보라가 몰아친 후, 나는 스웨터 하나를 새로 사기로 마음먹었습니다. 파란 스웨터는 양쪽 팔꿈치에 구멍이 났고, 갈색 스웨터는 해어졌기 때문에, 한겨울을 나기 위해서는 따뜻하고 좋은 스웨터가 필요했습니다.

상가에 나가 보니, 아주 전통이 있는 유명 상점이 대대적으로 바겐세일을 하고 있었습니다. 아니 그보다는 점포를 정리하고 있었다는 말이 옳을 것입니다.

스웨터를 이것저것 구경하고 있으니 점원이 다가와서 말을 걸었습니다. 나는 상점이 문을 닫게 된 것에 대해 놀라움을 표하며 이유가 무엇인지 물었습니다. 그는 씁쓸한 미소를 지으면서 나를 쳐다보며 짤막하게 대꾸했습니다. "부실 경영 때문이죠."

나는 이와 똑같은 말을 매우 자주 들었습니다. 식당을 폐업한다, 주유소 수지가 맞지 않는다, 국토 개발 계획이 실패했다… 등등. 이 모든 경우에 대한 이유는 한 가지입니다. 부실 경영은 대개 미처 손쓸 틈도 없이 일이 터진 다음에야 드러나게 되는 숨은 문제점 중 하나입니다. 그러나 훌륭한 지도자들은 경영의 핵심 원리를 알고 실천함으로써 그런 문제점을 피할 수 있습니다.

론 쎄니는 이 핵심이 되는 원리를 나에게 처음으로 알려 준 사람입니다. 나는 네비게이토 선교회의 선교 사역에서 이 원리의 가치를 실감하고 있습니다. 관련된 성경 말씀을 통하여 이 원리를 살펴보기로 하겠습니다.

하나님의 지시를 받을 것

지도자가 해야 할 첫 단계는 하나님으로부터 주님께서 원하시는 일에 대한 분명한 지시를 받는 것입니다. 지도자가 하나님께서 원하시는 방법대로 하나님이 원하시는 적소에서 하나님의 뜻을 행하고 있을 때, 그 지도자는 자기 직무에 대해 강한 동기력을 얻게 됩니다. 자신이 하나님의 뜻을 이루는 데 참여하고 있다는 사실을 자각할 때 그의 영혼에는 놀라운 열정이 샘솟게 됩니다.

한번은 수년 동안 그리스도의 일에 종사해 온 한 사람과 이야기를 나눈 적이 있는데, 그의 사기는 뚝 떨어져 있었고 동기는 제로 상태였습니다. 그는 밤낮으로 열심히 수고하며 거대한 프로그램을 진행하고 있었습니다. 교회라고 하는 커다란 기계가 큰 소리를 내며 일주일 내내 눈이 핑핑 돌 정도로 덜컹거리고 쿵쾅거리며 돌아가는데도 하나님의 나라에 합당한 생산품은 거의 없다는 생각이 그의 머릿속에 서서히 자리 잡기 시작했습니다. 그는 몇 달 동안 정신없이 이리저리 뛰어다녔습니다.

함께 이야기를 나누는 가운데 그는 자신이 안고 있던 깊은 내적 갈등을 드러내기 시작했습니다. 그의 마음은 의심과 불확실성으로 가득 차 있었습니다. 다른 그리스도인들의 눈에는 그가 놀라운 성공을 거둔 사람으로 보였고, 심지어는 질투까지 느낄 정도로 칭찬이 자자한 사람이었지만, 정작 그 자신은 어둡고

외로운 의심의 세계를 헤매고 있었으니, 도대체 어찌된 영문입니까? 이런 열정적인 활동이 그리스도인 사역의 핵심이 될 수 있겠습니까? 만일 그랬더라면 그는 이렇듯 끙끙 앓지는 않았을 것입니다. 그는 자신이 할 수 있는 다른 여러 가지 방안도 생각해 보았습니다. 어쩌면 그 교회를 떠나 그 방안 가운데 하나를 선택해야 했습니다. 그는 좌절과 실망의 깊은 늪에 빠져 있었습니다.

마침내 나는 그가 늘어놓는 말의 홍수 속에 끼어들 수 있게 되었습니다. "당신은 얼마만큼 시간을 기도에 들이고 있습니까?"

"많지는 않지요." 그가 대답했습니다.

"얼마나 되는데요?" 내가 물었습니다.

"실제로는 전혀 못하고 있습니다" 하고 그는 시인했습니다.

그래서 우리는 얼마 동안 그 점에 관하여 이야기했습니다. 우리는 함께 그의 일정을 조정함으로써, 그가 교외로 나가 호숫가 조용한 곳에서 주님과만 교제하며 하루를 보낼 수 있도록 한 날을 떼어 놓을 수 있었습니다.

다음에 우리는 성경공부에 관하여 이야기를 나누었습니다. 그는 당시 자신이 하는 성경공부는 시간에 임박하여 몇 가지 설교를 짜 맞추는 식에 불과하다고 인정했습니다. 다시 우리는 그의 일정표를 이리저리 살펴보고 나서 적용 중심으로 깊이 있는 개인 성경공부가 될 수 있도록 시간을 조정했습니다. 그는 이것이야말로 자신에게 꼭 필요했던 것이라면서, 이제는 다른 사람들을 돕기 위한 것이라기보다는 주로 자기 자신의 영혼을 소성케 하기 위해 기도와 성경공부 시간을 따로 마련했으니 부지런히 힘쓰겠다고 굳게 약속했습니다.

몇 달이 지나자 그의 변경된 일정이 습관화되기 시작했습니다. 새로워진 하나님과의 교제로 그의 동기와 열정이 회복되었습니다. 또한 자기 사역에 대하여 새로운 전망을 갖게 되었고, 자기가 하나님의 뜻 가운데 거하고 있다는 확신을 가슴 깊숙이 간직하게 되었습니다. 당연한 결과이지만, 교회에 큰 변화가 일어나게 되었습니다. 교회 안에 요란한 활동이 줄어들고, 이에 따라 생산성은 더욱 높아졌기 때문입니다. 그는 이제 자신이 하나님께 더욱 가까워졌기 때문에 교인들을 좀 더 효과적으로 도울 수 있었습니다. 그의 설교와 기도의 내용도 더욱 풍성해졌습니다. 딴사람이 된 것입니다. 사람들은 사기가 높아졌고 한결같이 그를 축복받은 자로 귀히 여기게 되었습니다.

나는 한 친구로부터 어느 선교사에 대한 이야기를 들었는데, 그는 선교지로 되돌아갈 것이냐 아니냐 하는 문제를 결정하느라고 고심하고 있었습니다. 그는 이전에 좌절 가운데 자기 선교지를 떠났었습니다. 어려운 사역과 극심한 반대에 부딪혀 살아가는 것 자체가 견딜 수 없을 만큼 힘들었던 것입니다. 열매는 거의 없는 반면에 핍박은 극심했습니다. 또 그와 같은 마을에 살고 있던 그리스도인 중 하나가 감옥에 갇혀 갖은 고문을 받았고, 급기야는 심한 매질과 고문 때문에 출감했을 때 두 눈은 실명되어 있었고 몸에는 성한 곳이 없었습니다.

선교사는 진퇴양난에 빠지게 되었습니다. 그곳으로 돌아갈 것인가 말 것인가? 하나님께서 원하시는 뜻은 과연 무엇인가? 하나님의 인도를 확인해 보기 위해 그는 비자 신청서에다가 예수 그리스도의 복음을 전파하고 잃어버린 영혼들을 그리스도께로 인도하기 위해 그 나라에 가고자 한다고 썼습니다. 그는 그러한 내용이 담긴 비자가 받아들여진다면 그것은 기적과 다를 바 없다는 것을 잘 알고 있었습니다.

그런데 놀랍게도 통과되었습니다! 그는 이것이 하나님께로부터 비롯된 일로 믿게 되었고, 그 결과 자기의 사역에 대한 새로운 비전과 다시 선교지로 돌아갈 수 있는 용기를 얻게 되었습니다. 날씨는 여전히 매우 후덥지근했습니다. 거처도 마땅치 않았습니다. 정부는 여전히 그리스도인들을 난폭하게 대하고 있었고, 여러 가지 골치 아픈 소식이 들어와 있었습니다. 한마디로 결박과 환난이 그를 기다리고 있었습니다(사도행전 20:23 참조). 그는 또 결과가 뻔할지도 모른다는 것을 알고 있었습니다. 그렇지만 이번에는 이런 것을 뛰어넘을 만한 다른 요소가 있었습니다. 다름 아니라 그렇게 하는 것이 하나님께서 자기에게 원하시는 일임을 확신하게 되었던 것입니다. 그리하여 그는 하나님께서 하고자 하시는 일에 대해 강렬한 기대로 부풀어 있었습니다.

선교지에 되돌아왔을 때 그는 마을 사람들이 복음에 대해 아주 좋은 반응을 나타내는 것을 보았습니다. 그가 떠나 있는 동안, 그들은 자신들이 그리스도인을 박해하는 데 관여했던 것을 스스로 부끄럽고 수치스럽게 생각하게 되었습니다. 몸이 상할 대로 상하고 실명까지 한 그 그리스도인은 결국 목숨을 잃고 말았는데, 하나님께서는 그의 죽음을 통하여 그들의 마음을 움직이셨고 복음을 들을 수 있도록 놀랍게 준비해 주셨습니다. 최근 보고에 의하면, 전에 그리스도의 원수가 되었던 500여 명의 사람들이 교회 학교에서 하나님의 말씀을 공부하고 있다고 합니다. 이 선교사는 하나님께로부터 꼭 돌아가야 한다는 분명한 지시를 받았던 것입니다. 하나님께서 잠언을 통해 주신 약속은 과연 믿을 만하다는 것이 입증되었습니다.

너는 범사에 그를 인정하라. 그리하면 네 길을 지도하시리라. (잠언 3:6)

사람들과 긴밀히 의사소통할 것

지도자가 일단 하나님께서 하기 원하시는 일이 무엇인지 알게 되면, 그는 사람들에게 하나님의 지시를 분명히 전달해 주고, 그들이 어떻게 그 일을 합당하게 행할 수 있는지를 알 수 있도록 도와주어야 합니다. 이것이 효과적인 경영에 이르는 두 번째 열쇠가 됩니다. 사업에 참여하는 사람이면 누구나 자기의 일이 무엇인지, 즉 지도자가 자기에게 원하는 일이 무엇인지를 알아야 합니다.

모세는 성막을 지을 때 바로 이 원리를 따랐습니다. 하나님께서는 모세에게 분명하고 명백한 용어로 자기 뜻을 나타내 보이셨습니다.

내가 그들 중에 거할 성소를 그들을 시켜 나를 위하여 짓되. (출애굽기 25:8)

하나님께서는 또 말씀하셨습니다.

너는 산에서 보인 식양대로 성막을 세울지니라. (출애굽기 26:30)

그러자 모세는 곧 사람들을 한데 모으고 하나님의 말씀을 그들에게 그대로 전달했습니다.

모세가 이스라엘의 온 회중을 모으고 그들에게 이르되, "여호와께서 너희에게 명하사 행하게 하신 말씀이 이러하니라." (출애굽기 35:1)

느헤미야는 이러한 절차를 따랐던 또 하나의 본보기가 됩니다. 하나님께서 그 뜻을 보여 주시자 느헤미야는 곧 예루살렘에서 백성들에게 그것을 전달해 주었습니다.

"우리의 당한 곤경은 너희도 목도하는 바라. 예루살렘이 황무하고 성문이 소화되었으니, 자 예루살렘 성을 중건하여 다시 수치를 받지 말자" 하고 또 저희에게 하나님의 선한 손이 나를 도우신 일과 왕이 내게 이른 말씀을 고하였더니, 저희의 말이 "일어나 건축하자" 하고 모두 힘을 내어 이 선한 일을 하려 하매. (느헤미야 2:17-18)

여기서 무슨 일이 일어났습니까? 이 사람들은 여러 해 동안 파괴된 채로 방치되어 있던 성벽을 바라보며 주저앉아 있었습니다. 그들로 하여금 이 거창한 건축 사업을 시작할 수 있도록 힘을 북돋워 주었던 것은 무엇입니까? 그들에게는 동기력이 충만한 지도자, 곧 하나님께서 일을 수행하라고 보내 주신 사람이 있었던 것입니다. 느헤미야가 그들에게 하나님께서 말씀하신 것을 전해 주고, 왕이 그들의 일을 후원해 주리라고 알렸을 때, 그들은 큰 격려를 받았습니다.

만약 지도자가 자기 자신의 사기는 물론 다른 사람들의 사기를 높은 수준으로 유지하기 원한다면, 먼저 하나님의 뜻을 분별해야 합니다. 그다음에 지도자는 함께 일하는 사람 모두에게 각각 자신은 무슨 일에 적합하며 또 자신에게 기대하는 것이 무엇인지를 정확히 알 수 있도록 해 주어야 합니다.

어떤 사람이 내게 이런 말을 했습니다. "나의 상사는 나를 마치 독심술이라도 익힌 사람으로 생각하고 있는 모양입니다. 최근에 그는 나에게 특별한 일거리를 건네주면서, '한번 잘해 보게' 하고 말하더군요. 난 최선을 다해서 그 일을 완성시켜 그에게 갖다주었지요.

"상사는 '맘에 안 드네' 하고 말하면서, 내게 돌려주며 다시 하도록 했습니다. 난 그 일을 완전히 다른 각도에서 해서 다시 제출했습니다. 그는 여전히 만족해하지 않더군요. 나는 세 번째로 애써 보았지만 허사였습니다. 그는 탐탁지 않은 눈치였습니다. 그 일은 아직도 마무리를 짓지 못한 상태에 있는데, 그가 원하는 게 도대체 무엇인지 실마리를 찾지 못하겠단 말입니다."

나는 그의 말을 들으면서 그 일에 대한 그의 열정이 맨 밑바닥에 떨어져 있음을 쉽게 알아차릴 수 있었습니다. 내가 수년 동안 알고 지내온 바 그의 사람됨으로 볼 것 같으면, 만일 그 상사가 자신이 원하는 바를 정확하게 말해 주기만 했다면 그는 능히 그 일을 잘 해낼 사람이었습니다.

솔로몬은 바로 이와 같은 일을 잘한 사람이었습니다. 열왕기상 5장에 보면, 그는 성전을 짓기 위해 필요한 목재의 양을 잘 알아, 두로왕에게 자기에게 필요한 것과 그 이유까지 설명해 주었습니다. 두로왕은 그 일을 맡아 순조롭게 잘 마무리해 주었습니다.

열왕기상 7장에 보면, 나중에 금속 공작이 필요할 때도 솔로몬은 놋 기술자에게 그 일에 대하여 구체적으로 작업 지시를 했고, 이번에도 모든 일이 잘 진행되었습니다. 이 모든 일의 열쇠는 적임자에게 분명한 지시 사항을 준 것이었습니다.

책임과 권한을 위임할 것

이스라엘 백성을 애굽에서 이끌어 낸 후, 모세는 혼자서 기진 맥진할 정도로 일하고 있었습니다. 이때 그의 장인 이드로가 몇 가지 건실한 조언을 주었습니다.

그대는 또 온 백성 가운데서 재덕이 겸전한 자 곧 하나님을 두려워하며 진실무망하며 불의한 이를 미워하는 자를 빼서 백성 위에 세워 천부장과 백부장과 오십부장과 십부장을 삼아 그들로 때를 따라 백성을 재판하게 하라. 무릇 큰 일이면 그대에게 베풀 것이고 무릇 작은 일이면 그들이 스스로 재판할 것이니 그리하면 그들이 그대와 함께 담당할 것인즉 일이 그대에게 쉬우리라. (출애굽기 18:21-22)

중심 구절은 "그들로 때를 따라 백성을 재판하게 하라"입니다. 지도자는 먼저 따르는 자들에게 일을 주고, 그들이 그 일을 하게 해야 합니다. 지도자가 일을 맡기고 나서 쓸데없이 참견하거나 공연히 안달하여 맡긴 일을 다시 뺏는 격이 되는 경우가 자주 있는 것을 봅니다. 이것은 너무나 흔한 실수입니다.

몇 년 전 네비게이토 선교회 사역 중 비중이 꽤 큰 업무를 맡고 있었을 때의 일입니다. 나와 함께 일하고 있던 한 유능하고 헌신적인 사람과 함께 앉아 있던 자리에서, 나는 그에게 내가 맡은 일을 함께 분담하면 어떻겠느냐고 내 생각을 이야기했습니다.

몇 분 뒤 그는 내 말을 가로막고서 이렇게 말했습니다. "그렇게 말씀하시지만 제겐 별 의미가 없을 듯합니다."

나는 약간 움찔하면서 그 이유를 물었습니다. 그 일에 관심이 없어서 그런지 아니면 단순히 돕고 싶은 마음이 없어서 그런 건지 물었습니다.

"천만에요. 결코 그런 건 아닙니다. 다만 제가 지금까지 보아 온 바, 당신은 제가 그 일을 맡더라도 저 혼자 그 일을 하도록 놔두지 않을 것 같습니다. 얼굴을 들이대고, 호들갑을 떨며 안달하여 이것저것 바꾸기 시작하면, 얼마 안 가 저는 그 자리에서 물러나고 당신이 도로 그 일을 하게 되겠지요."

나는 나 자신을 정당화하려고 애썼지만 결국 그의 말이 옳다고 정직하게 인정하지 않으면 안 될 지경에까지 이르렀습니다.

"그들로 하게 하라." 이것이 또한 동기와 사기의 열쇠입니다. 그러나 이 원리 속에는 한 가지 구비 요건이 들어 있습니다. 지도자가 고삐를 쥔 손을 놓고, 일을 맡은 사람이 스스로 계속 해나가도록 하려면, 먼저 그 일에 합당한 사람을 선택하여 훈련해야 한다는 것입니다. 지도자의 책임을 맡기려는 사람이든 아니면 단순 작업을 맡기려는 사람이든, 사람을 택할 때에는, 그가 과연 그 일을 맡을 만한 자질을 갖춘 사람으로서 하나님 앞에 합당한 자인지를 확인해 보아야 합니다.

잠언에서는 이 점에 대하여 다음과 같은 지혜로운 조언을 합니다. "슬기롭게 행하는 신하는 왕의 은총을 입고, 욕을 끼치는 신하는 그의 진노를 당하느니라"(잠언 14:35).

지도자는 지혜롭고 유능한 조력자를 고를 필요가 있습니다. "환난 날에 진실치 못한 자를 의뢰하는 의뢰는 부러진 이와 위골된 발 같으니라"(잠언 25:19).

진실치 못한 자는 고통과 불만의 근원입니다. 그는 압력을 받으면 무너지고 맙니다. 그러므로 나중에 가서야 수행 능력이 없는 사람을 의존했다는 걸 발견하고 후회하는 일이 없도록, "제가 그 일을 하도록 맡겨 주시겠습니까?" 하는 질문의 결과에 대하여 지도자는 심사숙고해야 합니다.

언제나 다가갈 수 있는 조력자가 될 것

네 번째 열쇠는 "제게 도움이 필요할 때 언제든지 도와주시겠습니까?"라는 질문 속에 담겨 있습니다. 앞서 살핀 바를 복습해 보면 먼저 지도자는 하나님께로부터 지시를 받아야 합니다. 다음에는 사람들에게 각자 해야 할 바를 알려 주어야 합니다. 이어 일단 일을 맡았으면 그들은 이제 지도자가 자신들에게 일을 전적으로 맡겨 놓았다는 확신을 가져야 합니다.

그러나 그들은 또한 필요할 때마다 지도자가 그들에게 유용한 도움을 줄 것이라는 내적인 확신도 있어야 합니다. 이것은 나이나 사역, 혹은 교회 안에서의 지위와는 무관한 사실입니다.

한번은 태평양 연안에서 열린 수양회에 갔습니다. 토요일 저녁 모임에서 말씀을 전한 후, 나는 함께 이야기를 좀 나눌 수 있겠느냐고 묻는 한 젊은이에게 붙들렸습니다. 나는 이미 다른 사람과 만날 약속이 있다고 설명해 주었지만, 그는 막무가내였습니다. "조금이라도 시간 좀 내주시겠어요?"

"글쎄요, 그 사람을 만나기로 한 건물로 올라가는 길에 이야기할 수는 있겠군요"라고 내가 말했습니다.

"그거라도 좋습니다." 그는 이렇게 대답한 후 가슴이 터질 듯 비통한 이야기를 내 앞에 쏟아 놓기 시작했습니다. 그는 영적으로 극심한 혼란에 빠져 있었습니다. 그는 그리스도인이 된 이래로 3년 동안 한 기독교 기관에서 매우 열심히 활동해 왔습니다. 한동안 꽤 성공을 경험하기도 했지만, 그에게 문제가 생기기 시작한 것은 바로 그때부터였습니다. 그는 주고, 주고, 또 주기 시작했습니다. 자기 시간을 모두 투자하였고… 오랜 기간을 허비하기도 하며… 자기 삶을 온통 쏟았습니다. 그러나 그런 가운데 그의 삶의 깊이는 얕아지고 인내는 한계에 봉착하게 되었습니다. 마침내 그는 더 이상 계속하지 못하고 포기하고 말았습니다. 그는 내가 수양회에 참석한다는 말을 듣고 나와 이야기를 나눌 수 있을까 하는 생각으로 차를 몰고 달려왔던 것입니다. 그는 쇠약할 대로 쇠약해져 있었지만 도움을 요청하러 다가갈 만한 사람이 아무도 없었던 까닭입니다.

얼마간 나는 어떻게 그리스도 안에 뿌리를 내리고 세움을 입어 믿음에 굳게 설 수 있는가에 대하여 그와 이야기를 나누었습니다. 후에 그 일을 회고해 보면서 나는 마음이 아팠습니다. 열망에 찬 젊은 그리스도인이 한 가지 실제적인 문제를 안고 있었지만 그를 도와줄 사람이 없었던 것입니다. 그는 자기를 도와줄 수 있을지도 모르는 사람이 몇 백 km 떨어져 있는 곳에 왔다는 소식을 듣고서 긴히 이야기할 기회를 마련하기 위해 그렇게 먼 길을 달려왔던 것입니다. 잠언 말씀에 "친구는 사랑이 끊이지 아니하고, 형제는 위급한 때까지 위하여 났느니라"라고 했습니다(잠언 17:17). 지도자는 필요한 때면 항상 그 자리에 있어 주는 친구가 되어야 합니다.

그렇습니다. 사람들이 일을 맡아 하게 하십시오. 그들을 방해하거나 성가시게 하지 마십시오. 그러나 그들에게 당신이 필요할 때는 언제나 당신은 그들을 열심히 도와줄 수 있다는 사실을 확신시켜 주십시오.

정기적으로 평가할 것

다섯 번째 열쇠는 다음 질문에 들어 있습니다. "제 일이 잘되어 가고 있는지 제게 말씀해 주시겠습니까?" 당신의 지도자가 당신의 직무 수행에 관해 어떻게 생각하는지 알지 못한다면 맥이 빠질 것입니다.

- ❖ "그것은 잘되었는가?"
- ❖ "그가 만족해하는가?"

❖ "그는 내가 하고 있는 일을 좋아하는가?"

위의 질문에 대해 정기적으로 대답해 주지 않으면, 그 사람은 쓸데없는 상상과 의심으로 마음이 혼란되고 애가 탈지도 모릅니다. 그렇게 되면 그는 사기가 떨어져 일이 지연되고 중단될 수도 있습니다.

나는 미국과 전 세계 여러 지역의 사역을 돌아보면서 이러한 현상을 여러 번 보았습니다. 한번은 사역자를 보좌하는 한 친구를 만났습니다. 그는 대화 가운데 바로 이 문제를 끄집어냈습니다. "난 내가 하고 있는 일이 정말 그가 원하는 것인지 아닌지를 알아볼 만한 단서가 없단 말일세" 하고 그가 말했습니다. "아마 자네라면 그와 이야기를 나누어 내가 하고 있는 일을 잘 설명해 주고, 그가 만족해하고 있는지 그렇지 않은지를 알아볼 수 있을 걸세."

내 앞에 마주 앉아 있던 그의 사기는 떨어져 있었고 사역에 대한 열의는 식어 있었습니다. 그는 완전히 풀이 죽은 듯했고 어두움 속을 헤매는 듯했습니다. 그의 마음은 혼란에 빠져 있었습니다. 과연 일을 그만둬야 될 것인가? 그는 나에게 자기가 온갖 상상 속에서 윗사람과 벌였던 정신적 논쟁에 대해 말해 주었습니다. 나는 내 친구의 마음을 편하게 하고, 또 그의 지도자에게 자기 사람의 일을 평가해서 그에 대해 솔직하게 말해 주어야 할 책임을 알게 해 줌으로써 두 사람을 연합시키기 위해 최선을 다 했습니다.

론 쎄니가 자기 통솔하에 있는 국제 본부팀의 우리를 대하는 방식은 이것과 대조가 됩니다. 우리는 6개월마다 할 일 목록과 우선적 목표를 갱신합니다. 정기적으로 론은 나를 자기 사무실로 불러서 이에 대해 나와 함께 일일이 토의합니다. "이 부분은 잘된 것 같습니다. 그러나 이 항목은 좀 더 수고가 필요한 것 같군요" 하고 그는 말합니다. 그런 다음 우리는 말씀을 나누고 기도한 후 우리가 어느 지점에 와 있는지 함께 확인하고 나서, 나는 사무실을 떠납니다. 이를 통해 나는 마음에 큰 격려를 얻고 높은 수준의 동기를 계속 유지하게 됩니다.

사람들의 일을 평가하고자 할 때, 지도자는 반드시 사실에 관한 자료를 갖고 있어야 하고 자신이 말하는 내용을 잘 알고 있어야 합니다. 지도자는 잠언 10:31에 나오는 진리에서 큰 유익을 얻을 수 있습니다. "의인의 입은 지혜를 내어도." 지도자가 일이 어떻게 돌아가고 있는지를 제대로 알지 못하는 것보다 더 사람을 힘 빠지게 하는 것도 없습니다.

요약

모세는 이러한 경영의 원리를 효과적으로 적용했습니다. 그것이 사람들의 사기 및 동기에 어떤 영향을 미쳤습니까? 사람들의 사기를 시험해 보는 한 가지 좋은 방법은 그들이 시간과 돈을 주님의 일에 어떻게 바치는가 알아보는 것입니다. 만일 그들이 불만을 품거나 환멸을 느끼거나 매력을 못 느끼면 그들은 거의 바치지 않습니다. 그러나 만일 그들이 하나님께서 그들 안에서 그들 가운데서 그리고 그들을 통해서 역사하고 계심을 알고 불붙어 있으면 그들은 풍성하게 바칩니다. 그 점에 비추어 출애굽기 36:5-7 말씀을 주목하여 보십시오.

모세에게 고하여 가로되, "백성이 너무 많이 가져오므로 여호와의 명하신 일에 쓰기에 남음이 있나이다." 모세가 명을 내리매 그들이 진중에 공포하여 가로되, "무론 남녀하고 성소에 드릴 예물을 다시 만들지 말라" 하매, 백성이 가져오기를 정지하니, 있는 재료가 모든 일을 하기에 넉넉하여 남음이 있었더라.

일은 힘들었습니다. 그리고 시간은 오래 걸렸습니다. 당시 생활 여건은 결코 녹록지 않았습니다. 그러나 사람들은 높은 동기력 가운데 사기가 충천한 삶을 살았습니다.

❖ 나는 하나님으로부터 분명한 지시를 받고 있는가?
❖ 나는 함께하는 사람들에게 할 일을 명확히 말해 주는가?
❖ 나는 그 일을 사람들에게 온전히 맡기고 그들이 주도적으로 일하도록 하는가?
❖ 나는 그들에게 도움이 필요할 때 언제라도 도와주는가?
❖ 나는 그들이 얼마만큼이나 일을 잘하고 있는지 그들에게 말해 주는가?

경영은 어떤 일이나 사물이 아니라 사람과 주된 관련이 있습니다. 이상의 다섯 가지 질문은 대단히 중요합니다. 이 질문에 꼭 답변해 보기 바랍니다. 더 나아가 그에 따라 매일 살아가야 합니다. 그렇게 할 때 사람들의 사기와 동기는 흔들리지 않을 것입니다.

6
돌보는 지도자

목자적 관심의 적
때에 맞게 필요를 채움

목자의 유형에도 여러 가지가 있고 양을 치는 일에 대한 생각에도 서로들 차이가 납니다. 목자의 두 가지 다른 유형을 살펴보겠습니다.

첫 번째 유형은 목자라기보다는 양몰이꾼입니다. 그는 언제나 수풀을 두드리며 돌아다니기만 합니다. 그리고 밖에 나와 있는 양 몇 마리를 발견하면 양 우리로 몰아넣습니다. 그렇지만 양에 대한 개별적 관심은 거의 없습니다. 양을 우리 속에 몰아넣고 난 뒤에는 관심을 두지 않습니다. 이것을 알기라도 하듯 어떤 양은 종종 뒷문 밖으로 빠져 나가 헤매다 길을 잃고 맙니다. 그렇지만 목자는 이것 때문에 걱정하는 일은 없습니다. 날이 밝으면 다시 수풀 이곳저곳을 툭툭 치고 다니면 그만이기 때문입니다. 해 질 녘에 그는 몇 마리를 더 찾아 우리에 집어넣습니다. 그러나 얼마 후엔, 이들 중 몇 마리가 또 우리를 나가 헤매다가 길을 잃습니다. 결과적으로 양 떼 수는 늘어나지 않고 한 곳에만 머물러 있으므로 제대로 살도 찌지 않습니다. 이런 목자의 양은 튼튼하기는커녕 병약하기 이를 데 없습니다.

두 번째 목자는 양 치는 일에 대한 여러 가지 생각이 늘 머릿속을 떠나지 않습니다. 그렇습니다. 그는 이미 있는 양 무리에 새로운 양 떼를 더해 가는 일에도 열심을 내지만, 양들이 우리 속에 들어온 이후엔 각 양들에게 많은 관심, 즉 부지런한 가운데 끊임없이 개인적인 관심을 쏟습니다.

우리 모두는 예전에 언젠가 우리를 찾아다니다가 찾아내고서는 우리를 양 우리 속으로 이끌어 준 어떤 사람을 만났었습니다. 그러나 우리의 필요가 거기서 다 충족되었던 것은 아닙니다. 우리에게는 따뜻한 관심과 보살핌이 더욱 필요했습니다. 우리는 믿음의 말씀 안에서 양육을 받아야 할 필요가 있었습니다. 각 사람마다 다 독특한 필요가 있기 때문에 우리에게는 또한 개인적인 관심이 필요했습니다. 이에 대한 해결의 열쇠는 양에게 있지 않고 목자에게 있었습니다.

그러면 양을 건강하고 생산적이며 또한 재생산하도록까지 기르기 위해 목자에게 필요한 것은 무엇입니까? 많은 것이 있겠지만, 두 가지 핵심적인 요소만 말씀드리겠습니다.

첫 번째는 양의 기본적인 필요에 대한 명확한 이해입니다. 목자는 부지런히 이것을 연구하고 양 떼를 살피며 그의 양에게 무엇이 필요한지 살펴보아야 합니다.

두 번째는 그러한 필요를 채우기 위해서라면 무엇이든지 하고자 하는 근면과 열의입니다.

잠언에서는 이 점을 분명하고 아름답게 표현했습니다.

네 양 떼의 형편을 부지런히 살피며 네 소 떼에 마음을 두라. (잠언 27:23)

바꿔 말하면 이렇습니다. 마땅히 해야 할 일을 찾아내어 그 일을 하십시오! 이 말씀이 목자에게 직접 말하고 있다는 점을 주목하십시오. 양들의 형편이 어떤지를 아는 것이 목자의 일입니다.

다른 누구에게도 이 일을 위임할 수 없습니다. 양들을 남에게만 맡겨 두지 말고 직접 마음을 두고 부지런히 잘 살펴야 합니다.

사도 바울은 이 점을 분명하게 이해하고 있었습니다.

> 수일 후에 바울이 바나바더러 말하되, "우리가 주의 말씀을 전한 각 성으로 다시 가서 형제들이 어떠한가 방문하자" 하니. (사도행전 15:36)

바울은 바나바와 함께 선교 여행을 마쳤고 그 결과 많은 사람이 그리스도께 돌아왔습니다. 즉 양들이 우리 속에 들어온 것입니다. 이제 위대한 사도는 그들 형편이 어떠한가를 알아보기 위해 방문하자고 제안한 것입니다. 그들이 잘 양육을 받고 보살핌을 받고 있는지? 목자들이 자기 직무를 잘 수행하고 있는지? 그가 도와줄 어떤 방도라도 있는지? 그의 관심은 무척이나 강렬했습니다. 데살로니가인들에게는 이렇게 말했습니다.

> 그러므로 너희가 주 안에 굳게 선즉, 우리가 이제는 살리라. (데살로니가전서 3:8)

그들이 형통한 삶을 살고 있으면 바울의 마음에는 생기가 용솟음쳤습니다. 그러나 그들이 병이나 굶주림으로 고생하고 있다든지 핍박을 받고 있다든지 방탕한 삶을 살고 있다든지 하는 여러 문제 가운데 있으면, 그의 기쁨이 사라졌습니다. 바울의 삶은 그들의 안녕과 밀접하게 연결되어 있었습니다.

잠언은 목자들에게 부지런하라고 촉구했습니다. 되는 대로 나태하게 살아가는 것은 용납될 수 없습니다. 위급한 일이 너무나 많기 때문입니다. 튼튼하고 건강하게 자라서 **영원토록** 배가해 나갈 양 떼의 잠재력을 한번 상상해 보십시오! 근면은 오늘을 사는 명령입니다.

한번은 아내와 아들 랜디와 함께 우리는 베오그라드에서 바르샤바행 비행기를 기다리고 있었습니다. 공항에 도착했을 때 우리는 비행기 이륙이 약 6시간 정도 지연되리라는 것을 알게 되었습니다. 랜디는 그 사정을 듣고 곧 항공사 관리 사무소로 가서 우리가 어떤 조치를 해야 좋을지를 알아보았습니다. 사무소 직원은 여러 모로 사정을 설명하며 사과하려고 애썼습니다. 공항에서 몇 백 km 떨어진 작은 읍내에 한 무리의 사람들이 바르샤바로 가려고 했던 모양입니다. 그래서 항공사 측에서는 그들까지도 탑승시키려고 우리가 탈 비행기의 이륙을 연기시켰던 것입니다. 그래서 우리는 잠자코 대합실에서 앉아 있었는데 그 직원은 행동을 개시했습니다. 그는 우리를 위해 자기 돈으로 훌륭한 식사를 마련해 주었습니다. 비행기는 표가 이미 좌석 수 이상으로 예매되어 있었는데, 그는 우리에게 좌석을 우선 확보해 주기 위해 탑승권을 미리 주었고, 이륙 시간에 임박해 긴 줄을 서서 기다리지 않도록 해 주려고 시간 전에 우리 여권에 날인해 주었습니다. 또 자기가 와서 비행기까지 우리를 안내할 테니 자기가 올 때까지 대합실에서 기다려 달라고 말했습니다.

돌보는 지도자

출발 시간이 다 되도록 그는 어디로 갔는지 보이지 않았습니다. 그렇지만 우리는 기다렸습니다. 한 무리의 사람들이 우르르 문을 비집고 들어오더니 서둘러 비행기 쪽으로 갔습니다. 마침내 그가 들어오더니, 우리를 안내하여 비행기까지 데리고 갔습니다. 나는 비행기 안을 들여다보고 가슴이 덜컹했습니다. 좌석이 모두 꽉 차 있었기 때문입니다. 그런데 다음 순간 그가 비행기 뒷부분으로 통하는 문을 여니, 좌석 여섯 개가 마련된 특실이 있었습니다. 그는 우리를 안내해 주고, 스튜어디스에게는 우리를 잘 돌봐 달라고 부탁했습니다. 우리는 그의 어린양들이었고 그는 우리의 선한 목자였습니다. 그는 우리를 보살피는 수고를 아끼지 않았습니다. 왁자지껄 떠들며 들뜬 기분으로 서로 밀고 밀리는 여행자들로 꽉 찬 낡은 프로펠러 비행기를 탔지만, 조용하고 평온한 여행을 즐길 수 있었습니다. 그 직원이 우리를 즐겁고 편안하게 여행할 수 있도록 부지런히 돌봐 주었기 때문입니다.

최근 국내선 비행기 여행 중에 이와는 대조적인 경험을 했습니다. 승무원이 커피를 가져왔기에 나는 커피 말고 좀 따끈한 차를 마실 수 있겠느냐고 물었습니다.

"물론이죠. 곧 다른 걸로 갖다 드리겠습니다" 하고 그가 말했습니다. 얼마 뒤 그는 커피를 다시 가지고 왔습니다. 그런데 이번에는 커피를 더 담아 왔습니다.

"아니 괜찮습니다. 난 그저 차를 마시고 싶었는데." 내가 말했습니다.

"이거 죄송합니다." 그는 외치듯 말했습니다. "제가 깜박 잊

었군요. 조금만 기다리십시오." 그러나 다시 오지 않았습니다.

한 목자는 우리를 돌보는 데 부지런했으나, 다른 목자는 그렇지 못했습니다.

목자적 관심의 적

무엇이 목자로 하여금 부지런히 돌보지 못하게 합니까? 다음 네 가지가 목자로부터 순수한 관심과 보살핌의 손길을 앗아 가는 적이라고 생각합니다.

1. 자기중심적인 태도
예수님께서는 이 특성에 대하여 다음과 같이 말씀하셨습니다.

도적이 오는 것은 도적질하고 죽이고 멸망시키려는 것뿐이요, 내가 온 것은 양으로 생명을 얻게 하고 더 풍성히 얻게 하려는 것이라. 나는 선한 목자라. 선한 목자는 양들을 위하여 목숨을 버리거니와, 삯꾼은 목자도 아니요 양도 제 양이 아니라 이리가 오는 것을 보면 양을 버리고 달아나나니, 이리가 양을 늑탈하고 또 해치느니라. 달아나는 것은 저가 삯꾼인 까닭에 양을 돌아보지 아니함이나. (요한복음 10:10-13)

도적과 삯꾼의 공통점이 무엇인지 주목해 보십시오. 그들은 자기중심적이며, 개인의 이득을 취하고자 하는 탐욕과 욕심으로 가득 차 있습니다. 그들은 양들을 희생시켜 자신들의 이익을 꾀하는 일에 몰두하는 사람들입니다.

당신은 삯꾼이 왜 양 치는 일에 관여하고 있을까 하고 의아하게 여길지도 모르겠습니다. 삯꾼은 돈을 벌기만 하면 그만입니다. 그것은 단지 직업일 뿐입니다. 사태가 불리해지면 그냥 달아나 버립니다. 오늘날에도 사역을 개인의 영광이나 자기 이익의 수단 정도로 알고 있는 목회자나 선교사 또는 그리스도인 일꾼들이 있습니까? 사역을 한낱 많은 직업 중의 하나로 여기는 사람이 있습니까? 예, 의심할 바 없이 있습니다. 그래도 그런 사람들이 소수에 지나지 않는다는 것이 다행이며 하나님께 감사할 내용입니다.

불행하게도 도적과 삯꾼은 항상 우리 주위에 있습니다. 하나님께서 그러한 사람들로 말미암아 괴로움당하는 불쌍한 양 떼를 도와주시기를 간절히 바랍니다.

2. 무지

이 점에 대하여 구약성경에 매우 섬뜩한 말씀이 있습니다.

> 목자들은 우준하여 여호와를 찾지 아니하므로 형통치 못하며, 그 모든 양 떼는 흩어졌도다. (예레미야 10:21)

이 선지자는 문제의 핵심을 잘 찔렀습니다. 만약 목자가 주님과의 교제에서 떨어져 있다면, 그의 삶은 양들에게 축복이 되지 않을 것입니다. 여기엔 많은 이유가 있습니다.

❖ 목자는 실로 주님의 축복을 양들에게 전달하는 통로일 뿐입니다. 양들에게는 통로보다 하나님이 더 필요합니다. 지도자가 말씀의 빛 가운데 주님과 동행하지 않는다면 그의 사역은 생명을 잃고 말 것입니다.
❖ 지도자가 말씀을 공부하지 않으면, 양들의 필요가 무엇이며 그들의 삶을 어떻게 진실되게 세워 줄 것인지 배우지 못할 것입니다. 지도자의 무지는 양 무리에게 큰 불행의 씨가 됩니다. 지혜로운 지도자는 사람들의 일반적인 필요를 알 뿐만 아니라, 그들이 당면하고 있는 특정한 필요까지 분별해 낼 줄 아는 사람입니다.

최근에 론 쎄니와 이야기를 나누면서 그의 지도하에 있는 한 사람에 관하여 이야기하게 되었습니다. 나는 론 쎄니에게 그가 알고 있어야 한다고 생각되는 어떤 일이 그 사람의 부서에서 일어난 것 같다고 귀띔해 주었습니다. 그런데 론은 아직은 그런 말을 할 때가 아니라고 내게 주의를 주었습니다. "다음번 그를 만나고 날 때까지 기다려 봅시다. 그 사람 요즈음 남모를 걱정거리가 조금 있어요."

나는 도전을 받았습니다. 론은 막중한 전체 책임을 맡은 사람이지만 자기 지휘하에 있는 사람들이 비록 사방으로 흩어져 있다 해도 그들과 보조를 맞추기 위해 시간을 내며 관심을 기울이고 있었습니다. 이것은 잠언에서 간절히 촉구하던 바로 그것입니다. 잠언에서는 목자들에게 부지런히 힘써 양 떼의 형편을 살펴 알라고 권면했습니다. 이는 쉬운 일이 아닙니다. 오늘날 온갖 서적, 대중 매체, 인터넷 등을 통해 거짓되고 왜곡된 종교적 교훈이 범람하고 있습니다. 목자는 양 떼들이 먹고 있는 것이 무엇인지 뒤따라가며 살펴 거짓과 오류의 독초로부터 양을 보호해야 할 책임이 있습니다.

양 떼의 성장을 돕기 위해서 목자는 영적 성장과 제자의 도의 기본 요소를 전달해 주는 법을 알아야 합니다. 어떤 사역자의 경우 이 점에서 문제가 있습니다. 그는 위대한 설교가일지는 모르지만, 한 사람에게 개인적인 관심을 쏟고 그 사람이 자라도록 돕는다는 것이 그에게는 두렵고 신비하기까지 합니다. 왜냐고요? 아무도 그런 면에서 기초적인 단계를 밟아 나가도록 지도해 주지 않았기 때문입니다. 그가 신학교에서 배운 것 중 많은 부분은 개개인을 돕는 것과는 별로 연관성이 없었습니다. 그러다가 어떤 목회자는 바로 이런 이유 때문에 사역을 그만두기도 하였습니다.

최근 나는 수년 동안 함께 대화를 나누어 왔던, 동기력이 아주 강한 목회자 한 분과 몇 시간을 함께할 기회를 가졌습니다. 우리가 이렇게 만나 이야기를 나누기 여섯 달 전에, 그는 목회직을 사임하고 일반 직업을 갖고자 했습니다. 그는 사람들을 어떻게 성장하도록 도와야 할지를 몰랐습니다. 많은 사람들이 그리스도께 나아 온 후 믿음 안에서 계속 자라 가야 할 시점에 있었습니다. 그의 설교가 약간 도움이 되었지만, 그들에게 이보다 훨씬 더 많은 것이 필요하다는 사실을 알게 되었습니다. 그는 실망에 빠져 상심한 가운데 자포자기 상태가 되었습니다. 그러나 다행히도 그에게는 사람들의 성장을 돕는 법을 잘 아는 친구 한 명이 있었습니다. 그들은 매일 몇 달 동안 이에 관하여 많은 이야기를 나누었습니다. 마침내 윤곽이 드러나기 시작했고, 그는 자기가 배운 바를 삶에 옮겼습니다. 현재 그는 교회 내에서 12명의 제자를 삼고 있는데, 이제는 그들이 다른 사람들의 삶 속에서 그 과정을 되풀이할 수 있는 지점에까지 다다른 상태에 있습니다. 사람들에게 아침 기도와 성경 읽기, 암송, 공부, 묵상 및 적용 등을 시작하도록 돕는 일은 어렵지 않습니다.

그러나 두 가지 필수 요건이 있습니다. 첫째로, 지도자 자신이 이런 것을 하고 있어야 합니다. 바울은 이 점을 분명히 했습니다.

> 너희는 내게 배우고 받고 듣고 본 바를 행하라. 그리하면 평강의 하나님이 너희와 함께 계시리라. (빌립보서 4:9)

둘째로, 하나님께 목자의 마음과 종의 자세를 주시도록 구해야 합니다. 이 두 가지가 없다면 그는 이런 유의 사역을 지속하지 못할 것입니다. 처음에는 돌풍 같은 열정을 가지고 시작할지도 모르지만, 영적 소아과 업무의 어려움에 실제로 부닥치게 될 때, 그는 보다 쉬운 섬김의 통로를 찾고 싶은 유혹을 받게 될 것입니다.

3. 게으름

양을 치는 일은 어렵습니다. 그것은 믿음의 역사요 사랑의 수고입니다. 목자는 말씀 안에서 원칙을 따라 수고합니다. 기도 가운데 열심을 냅니다. 그리고 아무도 잃어버리지 않도록 하기 위해서는 힘을 다하여 수고해야 합니다. 자기 양 떼를 집단으로서가 아니라 개개인으로서 돌볼 수 있어야 합니다. 각각의 양에게 관심과 보살핌이 필요하기 때문에 그 일이 어려운 것입니다.

부모가 자기 자녀를 바라볼 때 한 사람 한 사람으로 보지 않고 한 집단으로 본다면 어찌 되겠습니까? 나는 손자와 손녀가 있는데 네 살짜리 조이는 튼튼하고 활동적이며 더할 나위 없이 건강합니다. 그런데 앰버린은 발육이 늦어 표준 체중에도 미달하고 유행성 감기라도 돌면 꼭 앓게 됩니다. 그런데 이들의 부모가 "튼튼하고 건강한 조이가 있으니 그걸로 족해" 하고 말하면서, 어린 앰버린의 여러 필요를 소홀히 한다면 어떻게 되겠습니까? 그들이 "앰버린은 골칫거리야. 신경이 너무 쓰이고 많은 시간이 든단 말야" 하고 말한다면 어찌 되겠습니까? 우리는 그들이 무정하고 냉랭하며 그리스도를 닮은 데라곤 전혀 없는 사람이라 여길 것입니다.

지도자는 자기 일을 으레 고되고 시간 드는 일로 받아들여야 합니다. 사람을 이끌어 지도하는 일에는 많은 수고가 뒤따른다는 사실을 인정하고 거기에 적응해야 합니다.

4. 이탈

나는 지도자가 개인적인 관심과 주의를 쏟는 사역에 전심하고 있을 때, 그를 곁길로 나가도록 꾀는 기회가 양옆에 도사리고 있는 것을 종종 보았습니다. 실로 멋진 기회들이 있습니다! 그는 이러한 기회를 자신의 주된 직무에 비추어 보고 아주 주의 깊게 우선순위를 결정해야 합니다. 사람을 제자삼고 그 필요를 채워 주는 사역은, 크고 요란하게 활활 타올라 빛이 나고 신나고 흥분하게 하는 일들에 비하면 오히려 희미하고 별 볼 일 없게 보일 수 있습니다. 매일같이 사람들을 보살피며 뒷바라지하는 일은 별 매력이 없어 보입니다.

샌디에이고에서 열린 선교 책임자 회의에서, '멋진 기회'라는 어구가 유행어가 되다시피 했습니다. 그것은 어느 날 아침 한 사람이 그 지난주에 주님을 섬기기 위해 자기가 가졌던 멋진 기회에 대해 장황하게 늘어놓았던 이야기에서 발단되었습니다. 그는 아주 열띤 어조로 그 일에 대하여 늘어놓으면서 그 멋진 기회에 바로 자기가 관여했던 것을 거듭거듭 되풀이해서 말했습니다.

마침내 사회자가 예리한 질문을 던졌습니다. "아, 들어 보니 모두 다 참으로 매력적이며 감격스러운 일 같습니다. 그런데 그것이 하나님께서 우리 기관에 주신 사명과는 무슨 관계가 있지요?"

순간 방 안에 침묵이 감도는 가운데, 사람들은 아까 그 사람을 바라보며 그의 대답을 기다렸습니다. 그는 다소 당황한 빛을 감추지 못하더니 엉겁결에 이렇게 대답했습니다. "글쎄요, 뭐 아무런 관계가 없는 것 같습니다. 하지만 그건 멋진 기회였습니다!"

그 주를 지나면서 사람들은 재미있다는 듯 이따금 이 일에 관하여 서로 이야기했습니다. 그러면서 그때의 질문과 답변에 담겨 있는 의미에 대해서도 많은 생각을 하게 되었습니다.

나는 론 쎄니가 지도자 모임을 주관할 때마다 제일 먼저 우리와 함께 우리의 선교 목표를 복습하는 것에 깊은 인상을 받아 왔습니다. 사실상 론은 자신의 주된 책무는 우리 기관의 목표를 설정하고, 구체화하고, 또 지키는 것이라 말하곤 합니다. 나도 찬성합니다. 그 이유는 물론, 관심을 흐트러뜨리는 '멋진 기회'가 자주 주위에 얼씬거리기 때문입니다.

당신이 자신의 삶을 망칠 수 있는 길이 세 가지가 있습니다. 하나는 손끝 하나 까딱하지 않고 당신 속에 있는 게으른 본성에 굴복하여, 그 엄청난 필요가 있는데도 멍하니 앉아 있는 것입니다.

두 번째는 그릇된 일에 자신을 드리는 것입니다. 즉 전 생애 동안 어떤 것을 붙잡으려고 분투해 오다가 뒤늦게야 그릇된 일에 자신을 바쳐 왔다는 것을 깨닫게 되는 것입니다.

세 번째 길은 정로에서 이탈하는 것입니다. 당신은 대체로 올바른 길을 걷지만, 때로 어떤 '멋진 기회'에 이끌려 샛길로 빠지게 되고 마침내는 맹목적으로 그 길을 따라갈지도 모릅니다.

때에 맞게 필요를 채움

시간을 들여 사람들의 필요를 발견하고 또 그 필요를 채워 주는 그리스도인 지도자가 매우 필요합니다. 자기중심적인 태도, 무지, 게으름 및 이탈 등으로 말미암아 지도자는 양 떼를 치는 데 마음을 집중하지 못하게 됩니다. 그러나 누구든지 하나님의 은혜로 말미암아, 자기가 맡은 사람들에게 관심을 쏟는 부지런한 지도자가 될 수 있습니다.

2차 세계대전 중, 나는 미국 캘리포니아주의 한 병영에 주둔하고 있었습니다. 그래서 주말에 외박 휴가를 받을 때면 우리는 로스앤젤레스와 할리우드에 가곤 했습니다. 당시 할리우드에는 주트슈트파라고 불리는 패거리가 있었습니다. 그들은 허리까지 올라오는 통이 넓은 바지와 두툼한 패드를 어깨 부위에 넣은 긴 코트를 입고, 주로 끝이 뾰족하고 면이 넓은 챙이 달린 모자를 썼으며, 허리띠에 금 시곗줄을 달아 줄을 무릎 부근까지 늘어뜨린 상태에서 줄을 내놓고 다녔습니다.

어느 주말에 그들 일당은 해병대원들을 골탕 먹이기로 작정했습니다. 열대여섯 되는 일당이 혼자 다니는 해병대원을 만나면 사정없이 구타하기로 했던 것입니다. 그 일이 그들에게는 큰 재밋거리가 되었고, 그 주말에 해병대원 여섯 명이 실컷 두들겨 맞았습니다.

우리 기지의 지휘관은 기가 막혔습니다. 그래서 그다음 주말에는 특수 임무를 자원한 해병대원들을 모두 거친 작업복에 군

화를 착용시켜서 트럭에 태우고 할리우드로 갔습니다. 해병대원들은 주말 내내 주트슈트복을 입은 사람들을 찾으려고 할리우드 거리를 누볐습니다. 그러다가 몇 사람을 발견하게 되면, 그들은 트럭에서 뛰어내려 그들을 혼내 주었습니다. 그때로부터 전쟁이 끝날 때까지 할리우드에서 해병대가 주트슈트파에게 공격당한 일은 한 번도 없었습니다. 그 지휘관이 취한 방법에 의문의 여지가 없는 건 아니지만, 그래도 그가 자기 사람들을 보살펴 주려고 애썼다는 점은 분명합니다.

언젠가는 캔자스주로 가는 도중 덴버 공항에 잠시 머무르고 있었는데, 평소와는 달리 많은 사람들이 모여 있는 것이 눈에 띄었습니다. 수많은 해상 난민이 무리를 지어 로스앤젤레스에서 막 도착하는 참이었습니다.

나는 스무 명 남짓한 사람들이 어리둥절해하고 머뭇거리면서 비행기 트랩에서 내리는 것을 지켜보았습니다. 그들은 배지를 달고 있었고 적십자사에서 기증한 플라스틱 가방을 메고 있었는데, 앞으로 어디로 가서 무엇을 하게 되는지 의아해하는 것 같았습니다. 그러나 실업 구제 사업가들과 항공사 직원들이 그들을 맞으러 나와 기다리고 있었기 때문에, 그들은 더 이상 머뭇거릴 필요가 없었습니다. 아마도 실업 구제 사업가들과 항공사 직원들 중 많은 사람들은 자신들이 맡은 사람들의 필요 사항에 주의하라는 잠언의 조언을 한 번도 들어 보지 못했을 것입니다. 그런데도 그들은 그 일을 잘하고 있었습니다. 어떤 피난민들은 '루터교회 이주 및 피난 봉사대'라는 문구가 새겨진 배지를 달고 있었습니다. 다른 피난민들은 U.S.C.C.라는 글자가 새겨진 커다란 암황색 기장을 차고 있었습니다. 어떤 사람들은 '독일 연방 공화국 적십자사 기증'이라고 쓰여 있는 플라스틱 가방을 들고 있었습니다. 한 사람이 눈에 띄게 효율적으로 일하고 있었습니다. 그 사람은 사람들의 배지를 주의하여 보고 그들을 적절한 문으로 인도하여 주고, 자리에 앉도록 안내하기도 하면서, 탑승권 받는 일도 처리해 주고, 휴게실 가는 길을 알려 주기도 하고, 다음 비행시간에 대해 알아듣기 쉽게 잘 설명해 주기도 했습니다. 거기서 일하고 있던 사람들은 모두 훌륭했습니다. 곧 피난민들은 미소를 띠게 되고, 푸근하며 편안한 마음을 갖게 되었습니다. 그들은 자신들이 보호와 보살핌 가운데 있다는 사실을 알았습니다.

누군가가 자기를 돌보아 준다는 사실을 알 때, 사람들은 이 피난민들과 같은 반응을 나타내기 마련입니다. 자기가 맡은 사람들을 부지런히 보살피는 지도자는 높은 동기력 가운데 열심히 자기를 따르는 무리를 얻게 될 것입니다.

최근에 나의 친구 레이가 공군에서 퇴역한 직후, 콜로라도스프링스에 있는 우리 집을 방문하였습니다. 레이는 지난 2년 동안 공군 지휘관 학교에서 강의를 해 왔기에, 우리는 지도력이 동기 및 사기에 미치는 영향에 대해 오랜 시간 이야기하며 보냈습니다. 대화 중에 그는 빌리 브라운 중령이라는 자기의 첫 비행대장에 대해 이야기했습니다. 그가 말한 브라운 중령의 가장 두드러진 자질은 자기 비행대원들을 잘 보살폈다는 점이었습니다. 임무 특성상, 대원들 중에 몇 명은 장기간 집에서 떠나 있어야 했습니다. 종종 그들이 한번 나가면 석 달 동안 집을 떠나 있게 되는데, 그동안 브라운 중령은 매주 부지런히 그들 가족의 형편을 살피면서 필요한 게 없는지 눈여겨 관찰하였습니다.

비행대 임무의 특성 때문에 또한 각 대원들은 일 년 내내 매 3주마다 7일 정도는 집을 떠나 있어야 했습니다. 이 기간 동안, 그들은 행동반경이 기지 내의 특정 지역으로 제한되고 가족으로부터도 분리되었습니다. 이런 파견 근무자들 중에는 잠재적으로 가정의 필요가 있는 경우가 많았습니다. 예를 들면, 파견 근무 동안 아내의 출산 예정일이 들어 있다든지 또는 곧 입원해야 할 아픈 아이가 있다든지 하는 경우 등. 그런 경우에, 브라운 중령은 항상 이 사람들과 그들의 가족 사이를 오가며 양편 상황을 자세히 알려 주었습니다. 게다가 비상사태를 대비하여 이 대원들을 대신해서 근무할 후보까지 미리 정해 두고 있었습니다. 다른 기지 지휘관들은 대부분 이와 같이 개인적인 필요를 채워 주지 못한다는 사실을 대원들은 모두 다 잘 알고 있었습니다. 이러한 개별적인 배려 때문에 대원들은 근무 중이든 아니든 브라운 중령이 항상 자기들의 삶에 보여 준 깊은 관심에 감사하고 있다고 레이는 설명해 주었습니다. 그들의 문제는 곧 그의 문제였습니다. 결과적으로 그들은 사기가 충천하고 높은 동기력 가운데 그를 위해 최선을 다했습니다. 그들은 많은 시간이 필요한 힘든 일이나 심지어 특수 임무도 마다하지 않았습니다. 왜냐하면 브라운 중령이 자신들을 돌봐 준다는 사실을 알기 때문이었습니다.

이와는 대조적인 예로서, 레이는 정반대의 결과를 야기한 다른 지휘관들의 이야기도 들려주었습니다. 그들은 대원들의 개인적인 필요를 채워 주지 않았고, 그 결과 대원들의 사기가 떨어졌다고 했습니다. 지도력에 관하여 강의하면서 각지를 다니는 가운데 수많은 장교들과 나누었던 대화를 근거로 생각해 볼 때, 레이는 오늘날 젊은 공군 장교들은 무엇보다도 그들 상관이 정말로 자기들의 복지를 위해서 애써 주고 있는지 아니면 상관 자신만을 위해서 하고 있는지에 대해 관심을 가지고 있다고 결론지었습니다. 지휘관이 자기 사람들을 힘써 돌보는 기지에서는 사기와 동기가 높았지만, 그렇지 못한 경우에는 침체되어 있는 경우가 많았다는 사실을 관찰했던 것입니다.

지도자는 사람들을 잘 살펴보고 그들의 필요를 채워 주어야 합니다. 잠언에서는 이렇게 말씀합니다.

> 네 양 떼의 형편을 부지런히 살피며 네 소 떼에 마음을 두라. (잠언 27:23)

하나님께서는 우리를 목자로 부르셨습니다. 우리 주님께서 베드로에게 하셨던 말씀이 우리에게도 충분한 동기가 되어야 합니다.

> 네가 나를 사랑하느냐?… 내 양을 치라. (요한복음 21:16)

7
의사소통을 잘하는 지도자

지도자는 정보를 공유한다
정보 억제는 어리석은 일이다
지도자는 지속적으로 알려 준다

어느 해 여름 아내와 아들 랜디와 함께 우리는 철의 장막 뒤에서 한 달가량을 보냈습니다. 그동안 들을 수 있었던 뉴스는 모스크바 국영 방송에서 나오는 것뿐이었습니다. 부드러운 영국식 영어 발음을 구사하는 남자 아나운서가 뉴스를 보도했습니다. 그는 아프리카에서 미국 공군이 비인도적 도발을 벌였다고 보도하면서, "저들 폭격기의 굉음은 저들 대통령이 극구 부인하는 성명을 무색케 했습니다"라고 말하는 것이었습니다. 매주 우리는 그 나라에서 제공하는 뉴스만 주입당하는 격이었습니다. 근심이 되고 불안하기까지 했습니다.

마침내 한 달이 지나 그곳을 떠나 스위스 제네바로 비행하게 되었습니다. 우리는 호텔에 도착하여 점심을 먹으려고 나가는 길에 곧장 신문 판매대로 다가가 여러 신문을 사서 들고 와서는 하나하나씩 읽어 보았습니다. 세계가 어떻게 돌아가고 있는지 무척 궁금하고 알고 싶었기 때문에, 우리는 신문 판매대에 매일 들렀습니다. 대부분의 사람들이 그러하듯 우리도 새로운 소식에 대한 궁금증이 대단히 컸던 것입니다.

지도자는 정보를 공유한다

국제적인 사건에 대해서든 단 몇 사람이 관련된 일에 대해서든, 어떤 일에 대해 이야기할 때 우리는 그에 대한 정보를 알고 싶어 합니다. 지도자는 자기와 함께 일하고 있는 사람들의 이러한 필요를 잘 알고 있어야 합니다.

도슨 트로트맨은 돌아가는 형편을 사람들이 잘 알도록 해 주는 일에 대가였습니다. 내가 네비게이토 선교회와 함께 일하던 초창기에 국제 본부인 글렌에리에 있던 우리 모두는 목요일 밤 시간을 비워 두라는 지시를 받았습니다. 매주 이 시간에 우리는 글렌에리에 있는 도슨 부부가 사는 집의 거실에 모여서 도슨으로부터 이 얘기 저 얘기를 듣곤 했습니다. 그는 선교사들로부터 온 편지를 읽어 주었고, 각 지역 대표자들로부터 보고를 듣는 시간을 마련하곤 했습니다. 또한 말씀으로부터 얻은 축복, 즉 하나님께서 그에게 가르쳐 주신 것을 우리와 나누기도 했습니다. 그 다음에 자신의 생각이나 계획, 착상 및 장차 있을 사업 계획 등에 대해 차근차근 이야기해 주었습니다. 특히 약혼 소식 발표하기를 즐거워했습니다. 그는 그런 이야기를 넌지시 끄집어내어 우리들 마음을 졸이게 했다가 마침내 기쁜 소식을 알려 주곤 했습니다.

지금도 그날 밤들의 즐거운 추억이 생생하게 남아 있습니다. 왜냐하면 바로 그 시간이 그 주간 하이라이트였기 때문입니다. 하나님께서는 그런 시간을 사용하셔서 우리의 사기를 계속해서 진작시키셨고, 우리에게 큰 기쁨과 격려를 불어넣어 주셨습니다. 그 당시 내가 맡고 있던 일이 그다지 중요한 것은 아니었지만, 도슨은 내가 그에게 그리고 사역과 과업 달성과 지상사명 성취에 꼭 필요한 존재라는 것을 느낄 수 있도록 해 주었습니다.

그렇습니다. 그가 우리를 한 팀으로 묶는 데에는 많은 시간과 노력과 생각이 필요했습니다. 우리는 '네비게이토 가족'이었고, 도슨 부부의 '소중한 친구들'이었습니다. 그리고 우리는 그것을 실감했습니다.

사람들에게 계속적으로 정보를 알려 주는 것은 하나님을 닮은 태도이기도 합니다. 하나님께서는 세상이 어떻게 존재하게 되었는가에 대하여 우리가 캄캄한 상태에 머물러 있기를 원하지 않으셨습니다.

태초에 하나님이 천지를 창조하시니라. (창세기 1:1)

그리고 하나님께서는 죄가 어떻게 세상에 들어왔는가에 대해 우리를 무지 가운데 내버려 두실 수도 있었으나, 그렇게 하지 않으셨습니다.

여호와 하나님이 그 사람을 이끌어 에덴동산에 두사 그것을 다스리며 지키게 하시고, 여호와 하나님이 그 사람에게 명하여 가라사대 "동산 각종 나무의 실과는 네가 임의로 먹되 선악을 알게 하는 나무의 실과는 먹지 말라. 네가 먹는 날에는 정녕 죽으리라" 하시니라. (창세기 2:15-17)

하나님께서는 우리가 성경의 기원에 대한 생각에 사로잡혀 골몰하도록 내버려 두실 수도 있었지만 그렇게 하지 않으셨습니다.

모든 성경은 하나님의 감동으로 된 것으로…. (디모데후서 3:16)

예언은 언제든지 사람의 뜻으로 낸 것이 아니요, 오직 성령의 감동 하심을 입은 사람들이 하나님께 받아 말한 것임이니라. (베드로후서 1:21)

하나님께서는 이런 것들을 우리의 상상에 내맡기고 방치해 두지 않으셨습니다. 왜냐하면 우리가 온갖 모양의 헛된 이론을 생각해 낼지도 모르기 때문이었습니다. 하나님께서는 자비하심 가운데 빛을 밝히셨습니다. 주님께서는 우리에게 우주의 큰 신비를 보여 주시기로 작정하셨습니다. 왜 그렇게 하셨을까요? 그 까닭은 하나님의 성품이 자기 백성들에게 계속 정보를 알려 주기를 기뻐하시기 때문입니다. 어떤 이유에서든 주님께서는 우리가 알기를 원하십니다. 그것은 일을 이루시는 하나님의 방법입니다.

그 행위를 모세에게, 그 행사를 이스라엘 자손에게 알리셨도다. (시편 103:7)

지도자는 이 점을 잘 기억해 두어야 합니다. 교회 내의 제직회든 당회든 또는 교회 학교 교사 모임이든 어느 집단이나 기관을 막론하고 일이 돌아가는 형편에 대한 정보가 빠르고 '사정에 밝으면' 더 좋은 기능을 발휘합니다.

나는 경기에서 지고 있던 어느 프로팀에 관한 글을 읽은 적이 있습니다. 그 팀의 사기와 동기는 형편없는 상태였고, 선수들 사이에는 분규와 다툼이 있었습니다. 어떤 기자가 이 상황을 파고 들어가 그 근본 원인을 캐 보았습니다. 구단측에서 무슨 구상을 하고 있는지 알 수 없었기에 선수들 사이에 뜬소문이 널리 퍼져 있었다고 합니다. 그 구단은 당시 경기를 진행하고 있던 도시에 계속 머무를 것인가, 아니면 다른 지역으로 이동해 갈 것인가? 선수들의 생계는 계속 보장될 것인가 아니면 이적될 것인가? 구단주가 감독을 해고할 것인가? 이 밖에도 많은 의문이 꼬리를 이었지만 그것을 풀어 준 사람은 아무도 없었습니다. 팀원들은 불안과 조바심에 싸이게 되었고, 이것은 경기에까지 영향을 미쳤습니다. 그들 스스로가 좋은 경기를 보여 주지 못하고 있다는 것을 알고 있었고, 더 잘할 수도 있었을 텐데 그렇지 못한 것에 더욱 화가 났습니다. 그들의 엉성한 경기 내용은 코치들에게도 분통이 터지는 것이었습니다. 악순환은 계속되었는데, 그들의 실제 문제는 운영진에게 있었습니다. 지도자들이 자기 할 일을 다하지 못했던 것입니다.

사도 바울이 사정을 알리기 위해 몇 명으로 구성된 팀을 사용한 점을 주목해 보면 흥미롭습니다.

두기고가 내 사정을 다 너희에게 알게 하리니, 그는 사랑을 받는 형제요 신실한 일꾼이요, 주 안에서 함께 된 종이라. 내가 저를 특별히 너희에게 보낸 것은 너희로 우리 사정을 알게 하고 너희 마음을 위로하게 하려 함이라. 신실하고 사랑을 받는 형제 오네시모를 함께 보내노니, 그는 너희에게서 온 사람이라. 저희가 여기 일을 다 너희에게 알게 하리라. (골로새서 4:7-9)

무엇이 어떻게 되어 가고 있는지, 누가 어디로 가고 또 어디서 머물고 있나, 그리고 여러 일이 어떻게 되어 가고 있나 하는 것을 사람들에게 알리는 일이 바울에게는 중요했습니다. 그의 서신에 이와 같은 일이 얼마나 빈번히 나타나는지 주목해 보면 재미있습니다.

에라스도는 고린도에 머물렀고 드로비모는 병듦으로 밀레도에 두었노니. (디모데후서 4:20)

나의 동역자 디모데와 나의 친척 누기오와 야손과 소시바더가 너희에게 문안하느니라. (로마서 16:21)

누가만 나와 함께 있느니라. (디모데후서 4:11)

이 모든 것을 통해 그가 이루고자 한 바는 무엇입니까? 이들 모두가 함께 움직이고 있다는 느낌을 갖게 해 주기 위해서였을까요? 기도로 지원해 주는 이들에게 관심을 환기시키기 위해서였을까요? 아니면 높은 동기력을 유지하도록 하기 위함이었을까요? 또는 그들로 하여금 그들 자신이 그리스도의 사역에 중요하다는 것을 실감하게 하려고 그랬을까요? 이 모든 것은 물론 그 밖에 다른 몇 가지를 위해 그랬을 것입니다. 오늘날에도 훌륭한 지도자라면 다 이와 같이 할 것입니다.

내가 네비게이토 선교회와 함께하면서 처음으로 맡게 된 책임은 피츠버그 대학생 선교였습니다. 아내와 함께 그곳으로 이사한 후에, 나는 네비게이토 선교회에서 국제 네비게이토 본부 건물로 사용하려고 콜로라도에 있는 글렌에리 저택을 매입하고자 한다는 소식을 들었습니다. 인간적으로 말하면 이것은 불가능한 일이었습니다. 왜냐하면 6주 동안에 10만 달러를 모금해야 가능한 일이었기 때문입니다. 그 돈은 우리 1년 예산의 거의 절반에 달하는 액수였으며, 그전까지는 모금할 꿈조차 꾸지 못하던 거액이었습니다. 그러나 도슨은 그 일에 자신이 하나님의 마음을 갖고 있다고 확신하고 간사들을 독려하여 행동에 옮기도록 했습니다. 나는 신참 간사였으므로 간사들 사이에서 생소함을 느꼈고 거의 아는 사람도 없었으므로 나 자신이 그 팀의 일부라는 생각을 채 갖지 못했습니다. 그러나 도슨은 곧 모든 것을 확연히 바꾸어 놓았습니다. 나는 도슨으로부터 현재 전개되고 있는 모금 운동 현황을 적은 편지들을 받게 되었고, 나도 우리가 모금한 돈과 함께 자주 편지를 써서 보냈습니다. 그는 감사하는 마음으로 차 있었고 또한 열정적이었으며, 그의 마음 자세는 사람을 끌었습니다. 곧 나는 자신도 모르게 그 여세에 빠져들어 가는 자신을 발견하게 되었습니다. 나는 내가 현대의 한 기적에 참여하고 있음을 알았습니다.

정보 억제는 어리석은 일이다

잠언에서는 이렇게 말씀합니다.

지혜로운 자의 입술은 지식을 전파하여도 미련한 자의 마음은 정함이 없느니라. (잠언 15:7)

전파한다는 말은 바꿔 말하면 퍼뜨린다는 말입니다. 지혜로운 자는 말을 전파하나 미련한 자는 그렇지 않습니다. 나는 어떤 일을 하다가 마치 비밀주의라도 유행이 되고 있지 않나 하고 생각되는 경우가 많았는데, 그것도 잘못된 이유에서 그렇게 하고 있는 경우가 많았습니다. 한 예를 들어, 정보를 이미 입수한 사람들은 그 정보를 숨김으로써 그렇지 못한 사람들에게 우월감을 느낄 수 있기 때문에 비밀로 하는 경우가 있었습니다. 그것은 지위의 한 상징이 되었으며, 우리와 같은 사람들은 우리가 모르는 것을 아는 집단에 대하여 열등감을 느꼈습니다. 그들은 소위 핵심 집단이요, 그 외 모든 사람은 이류 시민이 되는 셈이었습니다. 이로써 그처럼 초라한 대접을 받는 사람들의 사기는 완전히 꺾이게 됩니다. 일반적 원칙으로서, 지식을 억누르는 것보다는 퍼뜨리는 것이 훨씬 낫습니다. 겸손하고 신중한 의사소통은 그것을 받는 모든 이에게 축복이 됩니다. 사람들은 자기 삶에 영향을 주는 정보를 얻고자 갈망합니다. 그러므로 현명한 지도자란 그것을 지혜롭게 전해 주는 법을 알고 있는 사람입니다.

몇 년 전, 나는 이런 정보 억제의 결과가 어떤 것인지 실감할 수 있는 기회가 있었습니다. 그 당시 나는 아내와 함께 피지의 수도인 수바에 있는 사우스퍼시픽 대학교 선교를 책임 맡아 피지에 머무르고 있었습니다. 나는 다가오는 주말에 뉴질랜드의 오클랜드에서 열리는 수양회에서 말씀을 전할 예정이었으므로 그리로 가는 비행기를 타려고 공항으로 갔습니다. 그러나 문제가 발생했습니다. 비행기에 연료를 급유하는 노동자들이 파업 중이었던 것입니다. 결과적으로 피지에서 오클랜드로 가는 비행기가 하나도 없었습니다. 매일 우리는 공항에 가서 상황을 물었지만, 우리에게 이렇다 할 말 한마디 해 주지 못했습니다.

그러던 어느 날 우리는 전화 한 통을 받았습니다. 팬암 소속 비행기가 들어오는데 좌석이 비어 있어 선착순에 따라 탑승이 가능하다는 소식이었습니다. 다음날 아침 일찍 우리는 비행장으로 갔습니다. 선두는 못 돼도 꽤 앞에 설 수 있었습니다. 드디어 수속을 끝내고 탑승권을 받긴 했지만 한 가지 문제가 남아 있었습니다. 좌석이 몇이나 남았는지 확실히 아는 사람이 없었습니다. 여러 날 동안 우리가 마음을 졸여야 했던 까닭은 정보가 없었기 때문이었습니다. 탑승권을 손에 들고 있으면서도 정보가 없기에 우리는 여전히 불안했습니다. 과연 우리는 탈 수 있을 것인가? 아무도 몰랐습니다. 우리는 기도하면서 기다렸습니다. 믿고 안 믿고는 둘째로 치더라도, 비행기가 들어온 후에도 우리에게 가부를 말해 줄 수 있는 사람은 없었습니다. 비행기 문안으로 들어선 다음에야 우리는 '이제 떠나는구나' 하고 확신할 수 있었습니다. 그야말로 불안과 근심으로 가득 찬 상황에서 우리에게 필요했던 한 가지는 정보였습니다.

지도자는 지속적으로 알려 준다

어느 해 여름, 나는 특별한 기회가 있어 한 교회에서 설교를 한 적이 있는데, 그때 14세 소년이 성경을 봉독하고, 광고를 하며, 또한 기도 인도까지 하는 것을 보고 무척 놀랐습니다. 그래서 나는 곁에 앉아 있는 목사님에게 물어보았더니, 벌써 몇 년 동안이나 그렇게 교회의 각 부서가 돌아가면서 예배를 인도해 오고 있다고 설명했습니다. 그 주에는 학생회가 예배를 인도하고 있었습니다. 다음 주에는 여전도회에서, 그다음 주에는 남전도회에서 인도하는 식으로 되어 있었습니다. 그가 한 말이 의미심장했습니다. "제가 여기를 떠날 때는, 사람들이 교회 운영에 대해 제가 아는 것만큼 잘 알게 될 것입니다." 그는 사람들 사이에 정보와 지식을 널리 전하는 사람이었습니다.

어떤 사업 계획이든 지도자가 그것을 시작할 때 사람들에게 그 사업 내용을 알려 주는 것은 특히 중요한데, 이렇게 함으로써 그 계획에 대한 그들의 생각을 파악하는 데 도움을 얻을 수 있기 때문입니다. 그들이 일을 시작하고자 하는 열정이 있으면, 자기들 그룹 내에서 사람을 선정하여 지도자와 함께 세부 계획을 마련하는 데에 조력할 수 있습니다. 얼마 지나서 지도자 자신이 그 일이 하나님께서 원하시는 바이며 사람들의 지지를 얻고 있음을 알았을 때 그는 곧 그 그룹을 소집하여 계획을 알려 주어야 합니다.

- ❖ 우리가 하고자 하는 일과 그 취지는 이렇습니다.
- ❖ 우리가 이 일을 할 때 하나님께서 이루시리라 믿고 있는 것과 이 일을 성취하기 위해서 우리가 해야 할 것은 다음과 같습니다.
- ❖ 이 사업 계획의 여러 부문에 대한 책임자로서 추천하고 싶은 사람과 그 추천 이유는 아래와 같습니다.
- ❖ 우리에게 필요한 시간과 경비는 다음과 같습니다.
- ❖ 일이 완결되길 원하는 때는 언제입니다.

지도자는 자기의 결정에 따라 영향을 받는 사람이면 누구에게나 그 사실을 분명히 알게 해 주어야 합니다. 그리고 사람들에게 각기 맡은 분야에서 자기와 함께 계속 수고할 수 있도록 최선을 다하여 독려해야 합니다.

지도자는 사람들이 뭔가 알기를 갈망한다는 것과 새로운 내용을 계속적으로 알려 주어 사정에 밝도록 할 때 기뻐한다는 것을 명심해야 합니다.

> 선한 말은 꿀송이 같아서 마음에 달고 뼈에 양약이 되느니라. (잠언 16:24)

당신은 건강에 좋으면서도 단 것을 몇 가지나 알고 계십니까? 많지 않습니다. 우리는 어린 시절부터 이런 말을 자주 들어 왔습니다. "저것은 먹지 마. 널 뚱뚱하게 만든단다.… 이것을 먹으면 안 돼. 이가 썩을 테니까.… 저런 건 먹지 마세요. 건강에 좋지 못하답니다."

그러나 선한 말은 그렇지 않습니다. 그것은 달기도 하고 건강에도 좋습니다. 지도자가 이 원리를 적용해 보면, 사람들이 정보를 알게 되는 것을 즐거워하고, 그럴 때 조직이 더욱 건강해지는 것을 보게 될 것입니다. 다시 말하면 그들이 높은 동기를 부여받아 사기가 충천한 가운데 있는 것을 보게 됩니다.

잠언은 가치 있는 정보를 몇 가지로 나누어 보여 줍니다.

1. 때에 맞는 정보

사람은 그 입의 대답으로 말미암아 기쁨을 얻나니, 때에 맞은 말이 얼마나 아름다운고. (잠언 15:23)

때에 맞은 말은 주는 자에게나 받는 자에게나 축복이므로, 지도자는 도움이 되는 것을 나누는 데서 기쁨을 얻게 될 것입니다. 그러나 말을 할 때가 있습니다. 때에 어긋났기 때문에 지도자의 말이 의도한 것만큼 효과적이지 못하는 경우가 종종 있습니다. 잠잠할 때가 있고, 말할 때가 있습니다(전도서 3:7하). 만일 지도자가 사람들이 채 준비되기도 전에 설불리 덤빈다면 실수하기

십상입니다. 또는 지도자가 너무 지체하면 진실이 알려지는 것이 아니라 소문이 떠돌게 되고, 도모하는 계획은 큰 문제에 빠질 염려가 있습니다.

성경은 혀가 끼치는 많은 해에 대해 교훈해 줍니다.

이와 같이 혀도 작은 지체로되 큰 것을 자랑하도다. 보라, 어떻게 작은 불이 어떻게 많은 나무를 태우는가? 혀는 곧 불이요 불의의 세계라. 혀는 우리 지체 중에서 온몸을 더럽히고 생의 바퀴를 불사르나니, 그 사르는 것이 지옥 불에서 나느니라. (야고보서 3:5-6)

이처럼 혀는 많은 해를 가져올 수도 있는 반면에, 올바르게 사용될 때는 축복을 퍼뜨립니다.

2. 정확한 정보

지도자는 인자와 진리로 말미암아 보호됩니다.

왕은 인자와 진리로 스스로 보호하고, 그 위도 인자함으로 말미암아 견고하니라. (잠언 20:28)

지도자가 어떠한 상황에서나 모든 사람에게 진리[진실]를 말하는 삶을 살 때, 안정과 신뢰를 얻게 됩니다. 반면에 사람들에게 진실을 전달해 주고 있다는 확신을 주지 못하면 모든 운영이 흔들리게 됩니다. 그들은 다 알면서도 거짓말쟁이를 따르려 하지는 않을 것입니다. 그러므로 거짓과 속임수는 지도자에게 치명적인 것입니다.

최근에 한 친구로부터 들었던 이야기에서 이런 점을 분명히 볼 수 있었습니다. 한 목회자가 다른 교회의 초청을 받아 전도 집회를 인도하는 일이 여러 번 있었습니다. 그는 자기 교회에 돌아와서 결과를 보고하곤 했는데, 여기에 문제가 있었습니다. 그의 보고는 항상 과장되었던 것입니다. 교인들이 그 목회자가 방문했던 교회의 교인들로부터 들은 것과 그의 보고를 통해서 들은 것에 항상 차이가 있었습니다. 회중 가운데 어떤 이는 그저 재미있다는 듯 받아들이기도 했지만, 다른 사람들은 그 이야기를 듣고 맥이 빠졌습니다. 그들은 이렇게도 말했습니다. "이런 식으로 우리에게 거짓말한다면, 다른 일에 대해서도 마찬가지로 거짓말할 수 있지 않겠습니까?" 그들은 그 목회자를 찾아가 정중하게 문제를 제기했습니다. 이에 그는 잘못을 인정하고 진심으로 사과했습니다. 따르는 자들이 지도자의 말을 신뢰할 수 있어야 합니다.

3. 적합한 정보

지도자는 때로 사람들과 너무 많은 정보를 나눌 수가 있는데 어떤 내용은 조용히 간직하고 몇 가지만 나누는 게 더 좋은 경우가 있습니다. 어린 그리스도인에게 나눔으로써 오히려 영적 손상을 끼칠 수 있는 것도 있습니다. 그런 정보를 어떻게 감당해야 좋을지를 모르기 때문에 실족할 수가 있는 것입니다. 이로 말미암아 그들의 마음속에 의심과 두려움의 씨앗이 뿌려질 수도 있습니다. 그러한 정보가 잘못 받아들여져서 그들 마음에 쓴 뿌리나 분노의 불씨가 되는 경우도 있습니다. 여기서 우리는 다시 한 번 지도자가 자기와 함께하는 사람들을 아는 일이 얼마나 중요한가를 보게 됩니다.

> 지혜 있는 자의 혀는 지식을 선히 베풀고, 미련한 자의 입은 미련한 것을 쏟느니라. (잠언 15:2)

이것이 핵심입니다. 지도자는 사람들이 받아들이고 소화하고 이해할 수 있는 것을 나눌 수 있어야 합니다.

1958년 나는 미국 네브래스카주의 링컨시에서 네비게이토 선교를 담당하고 있었습니다. 나와 아내가 훈련하고 있던 많은 젊은 지도자들이 우리 집에서 함께 살고 있었는데, 그중 한 명이 나에게 와서 자기 친구 한 명을 몇 주 동안 우리 집에 들어와 살게 할 수 없겠느냐고 물었습니다. 때는 초봄의 개강 전이라 그가 머물 만한 곳이 마땅치 않았던 모양입니다. 그의 친구는 갓 그리스도인이 된 사람인데 우리 집의 환경은 꽤 높은 수준의 성숙한 사람들 위주로 조성된 점을 감안하여, 나는 그 의견에 반대했습니다. 그러나 그는 자기 생각을 고집했습니다. 그는 그것이 자기 친구에게 도움을 줄 것이라고 생각했습니다. 하긴 나도 그 점이 별로 대수롭지 않게 여겨지기도 해서 결국엔 나의 원래 생각을 유보하고 그에게 동의했습니다.

그 친구는 들어온 지 얼마 되지도 않아서, 우리가 하고 있던 몇 가지 일을 꺼려하게 되었습니다. 이른 아침의 기도, 아침 성경공부, 그에게는 이해가 잘되지 않은 대화… 등. 그는 침울해지기 시작하더니 며칠 후 집을 나갔습니다. 그는 우리가 하는 일, 토의하는 내용을 소화할 수 없었던 것입니다. 뭔가 성장하고 발전하기는커녕 크게 실망하고 떠났습니다. 지도자는 일반적으로 자신을 개방하여 사람들과 자유롭게 이야기를 나눠야 하는 게 사실이지만, 대상에 따라서 전해 줄 정보를 주의 깊게 선택해야 합니다.

4. 동기를 주는 정보

잠언은 이 면에 대해서도 예리한 통찰력을 줍니다.

> 지혜로운 자의 마음은 그 입을 슬기롭게 하고, 또 그 입술에 지식(설득력)을 더하느니라. (잠언 16:23)

이것은 동기라는 주제에 관한 한 성경 전체에서 가장 힘 있는 말씀 가운데 하나라고 할 수 있습니다. 지도자가 마음속 깊은 곳에서 우러나오는 동기를 가지고 말을 할 때 그 말에는 설득력이 있습니다. 지도자가 단지 '어떤 장군이 이러이러하게 말했다'라고만 하거나 어떤 박사의 견해를 인용하기만 하는 말에는, "최근 내가 경험한 진리는 이렇습니다" 하고 말하면서 자기 마음에 있는 바를 나눌 때와 같은 능력이 없습니다.

우리 모두는 단지 읽거나 들은 것을 말하는 사람과 직접 느끼고 맛본 바를 나누는 사람 사이에 나타나는 크나큰 차이점을 쉽게 알아봅니다. 때에 맞는 진리는 마음으로부터 나와 전해져야 합니다. 나누고자 하는 지식을 단단히 묶어 주는 확신이 있어야 합니다. 마음이야말로 최상의 전달 매체입니다. 마음에서 우러나오는 말을 할 때, 지도자의 말은 설득력이 있습니다. 뿐만 아니라 거기에는 확신과 생명력과 온화함과 진실함이 담겨 있습니다.

의사소통에는 많은 생각과 노력과 계획이 필요합니다. 그러나 그러한 수고를 들일 만한 가치는 충분히 있습니다.

8

목표 지향적인 지도자

목표 설정
목표와 성경
장기적인 목표
단기적인 목표
목표와 성취
목표와 지속성
목표와 행동

내가 아는 한 부인은 지금까지 살아오면서 예수 그리스도에 대한 자신의 믿음을 어느 누구와도 나눈 적이 없었습니다. 이제 중년에 접어들었고 증거에 대한 열망이 불타고 있었지만 그 일은 자기 손이 닿기에는 너무 멀게만 보였습니다. 그는 훌륭한 그리스도인의 삶을 살고 있었지만 어떻게 전도를 시작하여, 무엇을 말하며, 어떻게 계속해 나가는지 전혀 아는 바가 없었습니다.

그러던 중 부인이 다니던 교회에 우리 그룹이 초청되어 전도 세미나를 주재하게 되었는데, 그는 이 세미나 소식을 듣고 뛸 듯이 기뻐했습니다. 그는 자신이 그리스도의 효과적인 증인이 될 수 있는 어떤 실제적 도움을 얻을 수 있기를 여러 해 동안 기도해 온 터였습니다. 아마도 이 기회가 그의 기도 응답이 되었던 것 같습니다.

세미나가 시작되던 날 밤 상당수의 사람들이 모여들었습니다. 분위기는 매우 생기가 넘쳤습니다. 우리는 여름 내내 워싱턴 시 전역에 걸쳐 매주 세미나를 개최해 오고 있었는데, 이 모임은 그해 여름에 있었던 세미나 중 가장 큰 것이었습니다. 세미나의 계획은 간단했습니다. 나는 이틀 밤 동안의 교육 과정에 대한 개요를 설명하고 난 뒤, 증거의 중요성에 관한 말씀 몇 구절을 나누었습니다. 나는 그들에게 우리의 전체 목표는 어떻게 하면 예수 그리스도와 개인적인 관계를 맺을 수 있는지를 다른 사람에게 전하는 법을 가르치는 것이라는 점을 우선 밝히고, 그 방법을 한 단계 한 단계 가르쳐 주겠다고 말했습니다. 첫날 저녁 시간에는 간증하는 법을 가르쳐 주었습니다. 대부분 간증해 본 경험이 없었기 때문에 우리는 천천히, 간단히, 그리고 성경을 살펴보면서 조리 있게 이 주제를 다루어 나갔습니다. 우리가 중점적으로 다룬 말씀은 사도행전 26장인데 아그립바왕 앞에서 한 바울의 개인 간증을 기록한 것입니다.

우리는 전체 모임을 다시 소그룹으로 나누었고, 우리 팀 멤버들이 각 소그룹에 들어가 그룹 내의 각 사람에게 자신의 회심 경험과 그리스도인으로서 성장하며 경험한 내용 중 특기할 만한 사실을 정리하도록 도와주었습니다. 앞서 그 부인의 경우에는 다소 평이하면서도 감동적인 간증거리가 있었습니다. 그것을 죽 생각해 보도록 한 다음에, 우리는 부인이 간증을 잘 기록할 수 있도록 도와주었습니다. 부인은 우리가 진행하고 있는 프로그램의 취지를 일찌감치 파악하고 아주 열심히 참여했습니다.

그렇게 하고 나서 우리는 폭탄선언을 했습니다. 친구나 이웃 혹은 친척에게 가서 자신의 간증을 나누라는 과제를 내 주었던 것입니다. 어떤 사람은 다소 겁을 먹기도 했으나, 부인은 이 과제 때문에 동요하는 빛이 전혀 없었습니다. 그는 수년 동안 이런 도움을 기다려 왔던 터라 설사 난처한 지경에 처한다 할지라도 발걸음을 내딛기를 갈망하고 있었던 것입니다.

우리는 각 그룹을 다시 하나로 모아 찬송을 부르고 기도를 하고 난 후 각자 흩어졌습니다. 그때가 대략 밤 9시쯤 되었습니다. 부인은 떠나면서 이런 생각을 했다고 합니다. 내일까지 기다릴 이유가 뭐람? 우리 사무실 주임님이 밤늦게까지 일하고 있을 거야. 그렇다면 사무실로 가서 그가 내 이야기를 들을지 안 들을지 알아보면 어떨까?

마침내 부인은 중심가로 들어가는 시내버스를 타고 사무실로 향했습니다. 빌딩에 도착하여 엘리베이터를 타고 지체 없이 사무실에 다다른 부인은 아직도 주임님이 사무실에 있는 것을 확인했습니다. 그는 부인을 보고는 깜짝 놀랐습니다.

부인은 자신이 교회 전도 세미나에 참석 중인데 다음날 오후의 두 번째 집회 전까지 누군가에게 간증을 나누라는 과제를 받았다고 설명했습니다. 부인은 자기 이야기를 듣고 싶냐고 물었습니다.

"좋지요, 내가 커피를 준비할 테니까 커피를 들면서 들어 보도록 하죠"라고 그가 말했습니다. 부인은 자기가 어떤 환경 가운데서 회개하고 예수님을 믿게 되었으며 그 후 예수님께서 자기 삶 속에 무엇을 이루어 놓으셨는지에 대해 이야기했습니다.

부인이 간증을 마칠 때쯤, 주임의 얼굴이 창백하게 변하였습니다. 눈에 띌 정도로 동요하는 빛을 감추지 못하면서 그는 "아마도 오늘밤 이 이야기를 들으려고 내가 아직까지 목숨을 부지하고 있었나 봅니다" 하고 말했습니다. 이어 그는 다음과 같은 이야기를 들려주었습니다.

몇 년 전 그는 파티에 초대되어 가는 길에 한 번도 아니고 세 번씩이나 타이어에 펑크가 나서 결국 파티에는 참석하지 못하고 말았습니다. 그런데 그 파티에 온 사람들이 대부분 그만 식중독으로 죽고 말았습니다. 그는 그때 하나님께서 자기 목숨을 건져 주셨다는 것을 알았습니다. 그런데 이제는 그리스도 안에 있는 이 놀라운 구원에 대한 이야기를 들려주는 사람이 자기에게 나타났던 것입니다.

"놀랍습니다. 그런데 어떻게 하면 나도 당신처럼 경험할 수 있지요?" 하고 그가 물었습니다.

"아, 그 부분은 아직 배우지 못했어요. 내일 저녁 배우게 될 테니까, 그때까지 기다리셔야겠어요."

다음날 저녁 시간에 우리는 세미나를 시작하기에 앞서 참석자들에게 그들이 간증할 때 일어난 일을 발표하도록 했습니다. 그때 이 부인이 일어나 그 이야기를 들려준 것입니다. 나는 복음을 설명해 주는 법을 그토록 진지한 태도로 배우는 사람은 여태까지 한 번도 본 적이 없습니다. 부인은 한 마디라도 놓칠세라 집중하여 모든 것을 분명하게 마음에 새기고, 세미나가 끝나자마자 나머지 내용을 직장 상사에게 전해 주려고 곧장 사무실로 달려갔습니다. 부인은 점점 그리스도를 위하여 효과적인 증인이 되어 갔습니다. 부인에게는 도달할 수 있는 목표가 분명히 제시된 셈이었고, 그 일은 간단한 것이기에 그가 능히 이룰 수 있었습니다. 우리는 그가 자기 목표에 도달하도록 도왔고, 그 결과 그는 증거의 삶을 즐기는 일에 앞서 나가게 되었습니다.

이 간단한 이야기 속에는 한 가지 중요한 원리가 담겨 있습니다. 사람들에게는 목표가 필요하고 또한 그 목표에 도달하기까지에는 도움이 필요하다는 사실입니다. 종종 주어진 상황에 맞게 목표를 설정하고 그 목표를 성취하기 위한 시간표를 짜는 것이 필요합니다. 이따금 교실 수업의 경우처럼, 세워진 목표와 그에 따른 시간 계획표가 있는 경우도 있습니다. 그러나 어느 경우든지 사람들은 그들이 도달할 수 있는 수준의 목표가 필요합니다. 훌륭한 지도자는 사람들에게 이런 목표를 설정하도록 도와주고 그들의 진행 과정을 조정해 주며 때에 맞게 올바른 길을 따라 지속적으로 푯대를 향해 나아가도록 도와주는 사람입니다.

목표 설정

목표 설정이라는 말이 상당수의 사람들에게는 생소한 감이 듭니다. 그러므로 지도자는 함께하는 사람들에게 이 개념을 소개해 줄 때 차근차근 인도해 가야 합니다. 왜 사람들은 목표가 필요할까요? 즉각 떠오르는 세 가지 이유가 있습니다.

1. 방향

사람들은 삶의 방향을 제시해 주는 목표가 필요합니다. 푯대가 없는데 푯대를 향해 나아간다거나, 결승선이 없는데 경주를 완주하기란 불가능합니다.

콜로라도주의 후원 아래 등반 대회가 열리고 있다고 합시다. 30명의 선수들이 이 큰 대회에 참가하기 위해 집결지인 보울더에 모여들었습니다. 이제 선수들이 다 모인 가운데 그들에게 지시 사항을 전달하기 위해 대회장이 나타납니다. 그가 가지고 있는 것이란 출발 신호 총뿐입니다. "자, 출발!" 그가 하는 말은 이것뿐입니다.

"출발하라고? 어디로? 어느 봉우리로 가란 말이지? 롱스 봉? 아니면 파이크스 봉?"

곧 대회장 안은 불평으로 웅성거리기 시작합니다. 아무도 어디로 가야 하며 무엇을 해야 할지 모르기 때문입니다. 비록 그들이 국내 정상급 등산가일지라도, 어떤 산에 올라야 할지를 모른다면 나아갈 수가 없습니다. 그들은 제 기능을 발휘할 수가 없습니다. 하나님의 백성들에게도 방향을 제시해 주는 목표가 필요합니다.

2. 진행

목표는 또한 앞으로 나아가는 데 아주 중요한 역할을 합니다. 목표가 없으면 사람들은 움직이기는 해도 나아가지는 않는 흔들의자와 같이 될 수가 있습니다. 교회나 기관이 각종 위원회나 부서별 모임 등과 같은 여러 활동을 통해 각기 제 기능을 발휘한다 할지라도, 지체인 신자들이 모여 이루어진 전체 몸이 추구하는 목표가 없다면 그 프로그램이 활발할지는 모르지만 아무런 성과가 없습니다.

3. 성취

목표가 필요한 세 번째 이유는 본연의 목적을 달성하기 위해서입니다. 과녁이 없이 쏘는 사람은 아무것도 맞추지 못합니다.

나에게 어떤 목표가 없으면, 내 일이 끝난 것인지 덜 끝난 것인지 알 수가 없습니다. 그러므로 구체적인 목표가 없으면, 여러 주 동안 아니면 수개월 혹은 수년 동안 주야로 일하고도 임무를 완수하지 못하는 셈이 되고 맙니다. 성취해야 할 구체적인 목표가 없기 때문입니다. 나는 측정 또는 평가 가능한 어떤 일을 시작하지 않았기 때문에 그 과업이 성취되었는지 되지 않았는지 판단할 수가 없습니다.

이런 점에서 볼 때, 목표 설정이 꼭 필요함에도 불구하고, 목표 수립이라고 하는 개념은 영적인 것이 못된다고 여기는 사람들이 있습니다. 즉, 어쩐지 육체를 의뢰하여 노력하는 것처럼 들리기 때문입니다. 그렇지만 우리 모두는 그 노력의 결과가 어떤 것이며 그런 종류의 노력이 하나님의 영광을 위해 얼마나 많은 일을 성취할 수 있는지 알고 있습니다.

목표와 성경

성경을 통해 볼 때, 우리가 심사숙고하여 목표를 수립하고 계획을 세우는 것이 성경적이란 사실을 발견하게 됩니다. 1953년 나는 캠퍼스 사역을 시작하기 위해 피츠버그로 이사했는데, 그 일이 나에게는 처음으로 맡겨진 일이었으므로 방향 지시가 필요했습니다. 주님께서 내게 주신 말씀 가운데 하나는 고린도전서 2:1-5이었습니다.

형제들아, 내가 너희에게 나아가 하나님의 증거를 전할 때에 말과 지혜의 아름다운 것으로 아니하였나니, 내가 너희 중에서 예수 그리스도와 그의 십자가에 못 박히신 것 외에는 아무것도 알지 아니하기로 작정하였음이라. 내가 너희 가운데 거할 때에 약하며 두려워하며 심히 떨었노라. 내 말과 내 전도함이 지혜의 권하는 말로 하지 아니하고 다만 성령의 나타남과 능력으로 하여, 너희 믿음이 사람의 지혜에 있지 아니하고 다만 하나님의 능력에 있게 하려 하였노라.

나는 내 성경의 여백에다가 이렇게 썼습니다. "피츠버그에서의 사역을 위해 주장함. 1953. 6. 25."

이 말씀을 볼 때, 우리는 바울이 주의 깊게 고려하여 세운 계획을 갖고 있었음을 보게 됩니다. 그는 또한 실제적인 목표도 마음에 두고 있었습니다. 그의 계획은 십자가에 못 박히신 그리스도를 전파하는 것이요, 그의 목표는 고린도 그리스도인들의 믿음이 하나님의 능력에 근거하도록 하는 것이었습니다.

느헤미야의 성 중건 목표 중 하나는 "다시 수치를 받지 말자"(느헤미야 2:17)라는 것이었습니다. 솔로몬은 성전 봉헌 기도 가운데 이렇게 기도했습니다. "주는 계신 곳 하늘에서 들으시고 무릇 이방인이 주께 부르짖는 대로 이루사 땅의 만민으로 주의 이름을 알고 주의 백성 이스라엘처럼 경외하게 하옵시며, 또 내가 건축한 이 전을 주의 이름으로 일컫는 줄을 알게 하옵소서"(열왕기상 8:43).

만일 그리스도인이 특정한 목표를 향해 특정한 계획을 추진

한다면 큰 확신을 가지고 주님의 특별한 인도를 구해야 합니다. 바울은 푯대를 향해 달려갔습니다. 그는 '오직 한 일'을 위해 좇아간다고 말했습니다. 그에게는 하나의 목표가 있었습니다(빌립보서 3:13-14 참조).

장기적인 목표

지도자는 사람들이 먼저 장기적인 목표에 초점을 맞추도록 도와주어야 합니다. 왜냐하면 그들 자신들의 전체적인 생애 목표가 뚜렷하지 않고서는 매일매일 당면한 목표를 설정할 토대가 없기 때문입니다. 말할 것도 없이 바로 이 점이 대부분 그리스도인들의 삶에서 문제가 되고 있는 곳입니다. 그들은 일상생활 면에서는 일반 사람들과 마찬가지로 추구하고자 하는 어떤 장기적 목표를 갖고 있을 것입니다. 예를 들어, 경제적인 안정과 신체의 건강과 행복한 가정생활 등의 영역에서는 각자 나름대로 목표를 설정해 놓고 있을 것입니다. 그러나 대부분의 그리스도인들은 주님을 위하여 무엇인가를 이루거나 하나님께서 원하시는 사람이 되어야 함에도 불구하고, 그들 스스로 영적인 면에서 어떤 장기적인 목표를 세워야 한다는 생각이 별로 없습니다.

목표는 달라질 수 있습니다. 그러나 마음 가운데 불타고 있는 장기적인 목표가 없는 사람은 매일의 생활에서 영적 활동을 위한 계획을 설정할 수 있는 기초를 갖지 못한 것입니다. 단기적인 목표는 장기적인 목표에 따라 결정되어야 바람직합니다.

단기적인 목표

어떤 사람이 일단 자기의 장기적인 목표를 정하였으면, 지도자는 그가 자신의 목표를 이루는 데 도움이 될 만한 단기적인 목표를 정하도록 도와주어야 합니다. 육상 경기의 스타라 할지라도 처음에는 다른 아이들과 마찬가지로 걸음마부터 배워야 했을 것입니다. 아이가 걸음마를 배울 때, 부모는 손을 내밀어 그가 그 아슬아슬한 첫걸음을 감히 내딛도록 격려해 주었을 것입니다. 드디어 그가 붙잡고 기대던 모든 것을 떨쳐 버리고 아무도 잡아 주지 않는 상태에서 첫걸음을 내딛는 극적인 순간이 다가왔습니다. 부모는 미소를 띠고 아이 곁에 있으면서 확신을 북돋아 주며 격려했습니다. 그들은 꼭 한 발짝 정도만 떨어져 그를 보살폈습니다. 만약 아이에게 방 이쪽 끝에서 저쪽 끝까지 걷게 하고자 했다면, 그것은 어리석은 일이었을 것입니다. 그건 나중에 될 일이었습니다. 마침내 그는 혼자 걷게 되고, 다음에는 달리고, 뛰어오르며, 뛰어넘는 것도 할 수 있게 되었으며, 육상 코치의 지도를 받아 올림픽 경기에까지도 참가할 수 있게 되었던 것입니다.

단기적 목표는 장기적 목표를 성취하기 위해 꼭 필요한 요소입니다. 이를테면, 지도자가 한 새 신자와 교제하는 경우를 생각해 봅시다. 교제의 목표는 새 신자가 하나님의 사람이 되는 것입니다. 그러면 지도자가 해야 할 일은 무엇이겠습니까? 갑작스런 도약을 재촉해야겠습니까? 아닙니다. 그는 새 신자에 대한 장기적인 목표와 직접 연관이 있는 내용을 단기적인 토대 위에서 제시해 주어야 할 것입니다. 예를 들면, 아침 기도와 성경 읽기 등을 실행해 나가도록 도와주는 것이 좋습니다. 왜냐고요? 이런 일은 목표와 직접 연관이 있기 때문입니다. 성경공부, 교회 내의 교제, 성경 암송, 말씀 묵상 등도 마찬가지입니다. 지도자의 역할 중 하나는 사람들에게 스스로 실제적인 목표를 설정하도록 돕는 일입니다. 대개 이 말은 그가 의욕이 지나쳐 도달하기에 너무 힘겹다고 여겨지는 목표를 세웠으면 실천 가능한 수준으로 조정하라는 의미가 되기도 합니다.

미국 중서부 지역에서 네비게이토 선교회의 지역 대표로 일하고 있을 때, 나는 자주 오클라호마 주립 대학교에 갔습니다. 내가 만난 여러 회심자 중에 칼이라고 하는 사람이 있었습니다. 그는 그리스도를 믿은 지 얼마 되지 않았으나 열심히 성장하고 있었습니다. 칼을 그리스도께 인도한 사람은 홀트였는데, 그는 칼에게 신약성경을 읽도록 제안했습니다. 칼은 그 말을 듣고 곧 성경을 읽기 시작했는데, 성경 읽기에 몰두한 나머지 학과 공부를 등한시하기 시작했습니다. 그는 신약성경을 읽고 또 읽었습니다. 일주일에 8회 내지 10회 정도나 통독했습니다. 그는 이것을 늦출 수가 없었습니다. 성적은 떨어지기 시작하여 거의 제적될 지경에까지 이르렀습니다. 사태가 어떻게 되었는지 알게 된 우리는 칼에게 찾아가 균형을 유지하도록 도와주었습니다. 우리는 그리스도에 대한 그의 열정이 식는 것을 원하지 않고, 또한 그가 제적되는 것도 원하지 않았습니다. 그래서 그가 대학에 계속 남아 영적으로 성장하는 데 도움이 되도록 몇 가지 실천 가능한 목표를 세워 성취할 수 있도록 도왔습니다.

지난겨울 우리 가족은 며칠간 스키를 즐기기 위해 스팀보트 스프링스에 갔습니다. 랜디는 슬로프 위에서 벌이게 될 여러 동작을 필름에 담으려고 카메라를 가져갔습니다. 우리는 그가 여러 가지 아슬아슬한 점프 즉 백 스크래쳐, 팁 드롭, 뮬 킥, 헬리콥터 등으로 불리는 다양한 묘기를 손에 땀을 쥐게 하도록 대담하게 해내는 광경을 열심히 카메라에 담았습니다.

그 광경을 바라보고 있을 때, 예전에 랜디가 자기 친구 몇 명과 함께 마크 썰서 씨의 지도를 받으며 슬로프에서 기초를 배우던 때가 생각났습니다. 경사가 완만한 슬로프에서 회전하는 법, 수평으로 달리는 법, 눈을 헤치는 법 등 느린 동작으로 이루어진 매우 쉽고 간단한 기술이었습니다. 그러나 그런 기초 기술은 그가 스키장의 어떤 슬로프든 빠른 속도로 타고 내려갈 수 있는 스키어가 되는 데 꼭 필요하였습니다. 이러한 여러 기술은 그의 장기적 목표 즉 숙달된 스키어가 되는 것과 직접 연관된 것으로서 쉽게 도달할 수 있는 단기적 목표에 해당되는 내용이었습니다.

단기적 목표는 동기 및 사기를 위해서도 필요합니다. 잠언은 이렇게 말씀합니다. "소원을 성취하면 마음에 달아도"(잠언 13:19).

어떤 계획이든 도달 가능하도록 한 번에 성취할 만한 정도의 아주 작은 단위로 나눌 때, 사람은 일을 계속 수행해 나갈 수 있게 됩니다. 이런 이유로 나는 다른 사람에게 성경공부를 시작하도록 제안할 때, 좀 짧은 책을 먼저 공부하도록 했습니다. 한 주간에 한 장을 공부하면, 디도서를 끝내는 데는 3주, 골로새서를 끝내는 데는 4주, 요한일서의 경우는 5주가 걸립니다. 이런 방식으로 신약성경 각 책을 몇 가지 공부하고 나면, 좀 긴 책을 시작할 수 있습니다. 그런데 마태복음부터 시작한다면 28주나 걸립니다. 이에 비해 단 3주 만에 실제로 성경의 한 책 전체를 공부함으로써 '소원을 성취'하는 경험을 한 사람은 큰 동기를 얻게 됩니다. 이런 사람은 몇 년 지나면 신약성경 전체를 공부해 낼 수 있을 것입니다. 그러나 처음 시작하는 데는 소원의 성취 같은 자극제가 필요합니다.

"소망이 더디 이루게 되면 그것이 마음을 상하게 하나니, 소원이 이루는 것은 곧 생명나무니라"(잠언 13:12). 더디면 마음을 상하게 합니다. 실망을 낳습니다. 성취감과 동기력을 주기 위해서는, 그 사람으로 하여금 어떤 목표에 도달하도록 돕는 일이 중요합니다. 사람들은 그들 자신에 대한 하나님의 목표를 발견하고 또 하나님의 목표를 자신의 목표로 삼는 데에 도움이 필요합니다.

소원을 성취하면 마음에 달다고 했습니다. 하지만 소원을 성취하였다고 해서 전부 그런 것은 아닙니다. 시편 106:15 말씀을 주의해 보십시오. "여호와께서 저희의 요구한 것을 주셨을지라도, 그 영혼을 파리하게 하셨도다."

전도서 2:10-11에서도 이와 비슷한 내용을 말씀하고 있습니다. "무엇이든지 내 눈이 원하는 것을 내가 금하지 아니하며 무엇이든지 내 마음이 즐거워하는 것을 내가 막지 아니하였으니, 이는 나의 모든 수고를 내 마음이 기뻐하였음이라. 이것이 나의 모든 수고로 말미암아 얻은 분복이로다. 그 후에 본즉 내 손으로 한 모든 일과 수고한 모든 수고가 다 헛되어 바람을 잡으려는 것이며 해 아래서 무익한 것이로다."

이 말씀에서 알 수 있는 것은 참된 만족은 하나님께서 우리 마음에 두신 일을 성취하는 데서 온다는 사실입니다. 육신적인 소원은 성취가 되어도 만족이 없습니다. 공허하고 실망으로 가득 차게 될 뿐입니다. 그러나 하나님께서 우리 마음에 심어 주신 일을 성취하게 되면 실로 마음에 답니다.

목표와 성취

잠언에서는 목표를 세워 성취함으로 만족감을 얻을 수 있는 방법을 보여 줍니다.

너의 행사를 여호와께 맡기라. 그리하면 너의 경영하는 것이 이루리라. (잠언 16:3)

지도자는 그 따르는 자들이 적극적으로 하나님의 뜻을 찾고 그것을 토대로 하여 계획을 세우도록 가르쳐야 합니다. 솔로몬은 의심할 여지 없이 부친으로부터 이것을 배웠을 것입니다. 그의 부친 다윗이 이렇게 말했습니다.

너의 길을 여호와께 맡기라. 저를 의지하면 저가 이루시고. (시편 37:5)

계획과 절차를 하나님께 맡겨야 하는 까닭은 두 가지입니다. 첫째로, 우리의 모든 계획은 하나님의 영광을 위한 것이 되어야 하기 때문입니다. 계획은 하나님께서 주시는 것이며, 이것이 성취될 때 하나님께서 영광을 받으셔야 합니다. 둘째로, 우리의 계획은 우리가 홀로 감당하기에는 과중하기 때문입니다. 사실상, 맡기라는 단어는 글자 그대로 혼자 지기에 너무 무거운 짐처럼 그것을 주님 앞에 내려놓으라는 의미입니다.

믿음과 겸손, 주님께 대한 전폭적인 신뢰 가운데 하나님의 영광만 바라며 하나님께서 주신 계획을 이루어 나가는 것이 성공에 이르는 확실한 길입니다. 하나님께서는 계획할 책임을 우리에게 주셨습니다.

마음의 경영[계획]은 사람에게 있어도. (잠언 16:1)

경영[계획]이라는 말에는 사물을 순서대로 적절히 배치한다는 의미가 담겨 있습니다. 번제를 드리기 위해 '단을 쌓고 나무를 벌여 놓은'(창세기 22:9) 아브라함에 관한 이 이야기는 이 말의 의미를 잘 깨닫게 해 줍니다. 하나님께서는 사람에게 두뇌를 주셨으며 그것을 사용하기를 원하십니다. 계획과 조직 즉 사물을 질서대로 적절히 배치하는 일은 하나님을 섬기는 사람들의 양 어깨 위에 어김없이 놓이는 책임입니다. 훌륭한 지도자는 따르는 자들에게 이러한 일을 어떻게 하는지 가르쳐 주는 사람입니다.

목표와 지속성

다른 사람에게 그를 향한 하나님의 목표가 무엇인지를 알아내어 그 목표에 착념하도록 가르치는 일이 지도자에게 항상 쉬운 것만은 아닙니다. 따르는 자는 다른 사람들에게도 영향을 받고 동요되어 자기 본연의 목표로부터 빗나가기가 쉽습니다. 사도 바울은 이렇게 경계했습니다.

> 각각 자기의 일을 살피라. 그리하면 자랑할 것이 자기에게만 있고 남에게는 있지 아니하리니. (갈라디아서 6:4)

여기서 바울은, 한 사람이 자신의 삶을 돌아다 본 후 그 본 것을 흡족하게 여기는 모습을 보여 줍니다. 이 사람은 다른 사람과 건전하지 못한 비교를 함으로써 동기력을 얻은 게 아니었습니다.

그러나 다른 사람들이 우리 사고에 끼치는 영향을 받지 않고 하나님께만 귀를 기울인다는 것이 쉽지는 않습니다.

얼마 전, 나의 한 친구는 신학교 학생들 몇몇과 함께 그리스도인의 기본적인 삶에 관하여 이야기하고 있었습니다. 이야기 중에 이들은 신학교에서 보낸 기간에 겪었던 가장 큰 실패감은 아침 기도와 성경 읽기와 개인 성경공부 등 일련의 일과를 지속적으로 하지 못한 데서 비롯되었다고 고백했습니다. 이야기가 계속되면서, 내 친구는 그들이 교내의 분위기에 휩쓸린 나머지 학점 따기 경쟁에 말려들었음을 알게 되었습니다. 다른 학생들이 더 좋은 학점을 따내는 것을 보고, 그들도 학점을 높이기 위해 공부하는 시간을 늘려 갔습니다. 곧 그들의 삶은 학업으로 쏠리게 되어 더 이상 하나님을 개인적으로 만나는 시간을 갖지 못하게 되었습니다. 이 사람들은 하나님과의 개인적인 관계가 제일 우선순위라는 것을 알았지만, 목표를 변경하여 좋은 학점을 얻는 데 우선순위를 두었던 것입니다. 자신을 다른 동급생들과 비교하게 되자 하나님께서 기대하시는 목표를 향해 가는 길로부터 벗어나게 되었던 것입니다.

다음 성경 말씀이 적용됩니다.

이러므로 우리 각인이 자기 일을 하나님께 직고하리라. (로마서 14:12)

우리는 결국 하나님 앞에서 회계할 책임이 있기 때문에, 우리의 목표는 주님으로부터 나와야 됩니다.

　지도자는 자기 사람들이 이러한 전망을 굳게 지켜 나가도록 도와주어야 할 뿐 아니라, 그들이 합리적이고 도달 가능한 목표를 설정하도록 도울 수 있어야 합니다. 그는 자기의 수준이나 아이디어를 잔소리처럼 말해서는 안 됩니다. 하나님께서 그들에게 말씀하시도록 하며 하나님께서 그들의 성장과 헌신의 현재 수준에서 무엇이 옳은가를 보여 주시도록 해야 합니다. 그들은 자신들이 설정한 목표를 성취하게 될 때 기뻐하며 주님께 감사드릴 수 있게 됩니다. 또, 그것을 이루지 못하는 경우에는 주님께 나아가 용서와 능력을 구할 수 있습니다. 그들은 이 같은 일에서 하나님께 책임을 져야 합니다.

목표와 행동

　함께하는 사람들에게 장기적 및 단기적 목표 설정을 도와주었다 해서 지도자의 책임이 다 끝난 것은 아닙니다. 다음에는 그러한 목표를 구체적으로 어떻게 실행에 옮길 수 있는지를 그들에게 보여 주는 일이 남아 있습니다.

1. 시기 설정
　그들에게 언제 행동할지를 가르쳐 주는 것이 중요합니다. 마냥 돌진해 가는 것은 뒤처지는 것 못지않게 위험합니다. 어떤 일을 언제 하느냐는 것은 무엇을 하느냐 하는 것만큼이나 중대합니다.

나는 몇 주 전에 어느 국제적인 선교기관의 지도자와 함께 이 점에 대하여 의견을 나눈 적이 있습니다. 그는 현장에서 일하고 있는 한 책임자로부터 그들이 구상 중인 계획에 대해 쓴 편지를 한 통 받았습니다. 그들은 목표를 주의 깊게 설정하고 나서 그의 조언을 구하고 있었습니다. 그들은 그것을 곧 추진하려고 벼르고 있었고, 편지를 읽은 후에 전화로 연락해 달라고 그에게 부탁했습니다. 그들은 추진해 나가라고 하는 청신호를 곧장 보내 주길 학수고대하고 있었습니다. 우리가 함께 그 문제에 관하여 숙의하는 도중에 그는 이렇게 말했습니다. "난 그들이 정로를 따라 걷고 있긴 하지만, 아직은 시기가 맞지 않는다고 생각합니다. 좀 기다리라고 조언해 주어야겠습니다."

올바른 시기 설정의 중요성은 아무리 강조해도 지나치지 않습니다. 곧장 돌진하고 싶은 마음이 아무리 강렬하다 해도, 지혜와 분별력을 가지고 감정을 자제하는 법을 배워야 합니다.

2. 수행

지도자는 사람들이 그들 스스로 설정한 목표를 수행하는 방법을 반드시 알도록 해 주어야 합니다. 무엇을 하는가와 언제 그것을 하는가는 알지만, 어떻게 그것을 하는가를 알지 못하면 좌절에 부딪히게 됩니다.

몇 년 전 한 젊은이를 장래 일꾼으로 성장하도록 돕고 있을 때 이 문제에 부딪히게 되었습니다. 당시 그는 공군을 제대해야 할지 그냥 있어야 할지 수개월 동안 갈등해 왔습니다. 밤마다 그와 나는 막사에서 함께 그 문제에 관해 논의했지만, 이렇게도 저렇게도 못하고 있었습니다. 하루 저녁에는 그냥 공군에 남아 있는 것이 좋겠다는 생각이 들다가도, 다음날에는 제대하는 것이 더 좋겠다는 생각으로 기울어지곤 했습니다. 도무지 갈피를 잡을 수가 없었습니다.

결국 몇 달 동안 더 기도하고 논의한 끝에, 그는 공군에서 나오는 것이 하나님의 뜻이라는 것을 알게 되었습니다. 그의 목표는 해외 선교사로서 주님을 섬기는 것이었습니다. 그는 군 복무를 마치고 그 목표를 추진해 나갈 계획을 갖고 있었습니다. 그러나 그때 우리는 다음 문제에 마주쳤습니다. 이 모든 것에 대한 시간 계획은 어떠해야 할 것인가? 언제 공군을 떠날 것인가? 그래서 또 우리는 밤마다 막사 내 그의 침대에 걸터앉아 기도하며 토의를 거듭했습니다. 몇 달 후 안개는 걷히고 그는 행할 바를 명확히 알게 되었습니다. 그는 다음 해 여름에 제대하여 가을에는 대학에 들어가려 했습니다. 그러나 어디로 가야 하지? 네브래스카주에 그가 들어갈 수 있는 대학교가 있었고 그의 고향인 일리노이주에도 하나 있었습니다. 그 문제에 관하여 함께 이야기를 하면 할수록, 그의 마음은 태평양 연안에 있는 대학 쪽으로 기우는 듯했습니다. 그래서 나는 로스앤젤레스에 있는 친구에게 여러 차례 전화를 해서 그의 숙식과 일자리 등에 관하여 필요한 사항을 해결하는 데에 많은 도움을 주었습니다. 드디어 목표가 설정되고 시기도 결정되어 모든 일이 잘되어 가는 듯했습니다. 그러나 그 순간 뜻밖에 모든 과정이 암초에 부딪히게 되었습니다. 그의 부모가 그의 생각에 심히 반대하자 그는 흔들리기 시작했던 것입니다. 그래서 그 문제를 기도 가운데 하나님께 맡기도록 격려하였습니다. 결국 주님께서는 그 곤란한 상황을 선하게 해결해 주셨습니다.

 이런 과정을 겪으면서 나는 사람들에게 목표를 설정하고 시간표를 세우도록 돕는 것만으로는 충분하지 않음을 배웠습니다. 내게는 또한 그가 설정한 목표를 끝까지 성실하게 수행해 나가도록 도와야 할 책임도 있었습니다.

9

결단성 있는 지도자

결정은 어렵다
어떻게 좋은 결정을 내릴 것인가

1951년 가을, 우리 가족은 시애틀로 이사했습니다. 그런데 거기에서 네비게이토 선교회는 빌리 그래함 전도 대회를 위한 상담자 훈련 및 양육을 실시하고 있던 중이었습니다. 내가 맡았던 일은 상담실에서 의자를 정돈하고 그 옆에 상담 자료를 비치하는 일과 매일 밤 의자가 깨끗이 닦여 있는지 확인하며 이것저것 심부름하는 일이었습니다. 하루하루가 신나는 날들이었습니다. 나는 매일 밤 빌리 그래함의 초청에 물밀듯 앞으로 나아오는 사람들을 보고는 마음이 울컥하였습니다.

매일 밤 집회가 끝난 후, 네비게이토 선교회 팀의 일부는 결신자 카드를 정리하고 그다음 작업에 들어갔습니다. 그들은 결신한 각 사람에게 격려의 편지를 띄워 보냈습니다. 이 사람들의 집 가까이에 다른 그리스도인들이 살고 있으면 그들의 담당 목회자에게도 통지했습니다. 그 팀은 매일 밤늦게까지 수고하였습니다. 며칠이 지나자 일하던 사람들이 다소 지치기 시작했습니다. 한번은 유난히 결신자가 많았던지라 새벽까지 작업을 계속해야 했습니다. 몇 시간째 그 작업을 하고 있던 중에 야간 경비원 한 사람이 지나가다 들렀습니다. 그는 친근감을 주는 사람이었습니다. "전도 대회가 어떻게 잘되어 가나요?" 그가 물었습니다. 한 젊은 네비게이토 선교회 멤버가 충혈된 눈으로 쳐다보면서 목 쉰 소리로 대답했습니다. "예. 잘돼 갑니다. 하지만 후속 조치를 하는 과정에서 결정해야 하는 일이 많아 쉽지 않습니다."

그렇습니다. 개인의 삶이든 가정이든 직장이든 사역이든 우리 삶에는 늘 크든 작든 결정해야 하는 일이 많습니다. 대부분 쉬운 결정이 많지만, 때로는 어떻게 해야 할지 실로 난감한 결정도 있습니다. 영적 지도자는 선교 사역을 하면서 어떤 계획을 따를 것이냐 혹은 어떤 방침을 택할 것이냐를 결정해야 하는 어려운 상황에 직면하게 될 때가 종종 있습니다. 많은 경우 사역 그 자체가 어려운 것은 아닙니다. 사실 우리는 모두 잃어버린 영혼들이 전도를 통해서 그리스도께로 돌아오는 모습을 보는 것을 즐거워합니다. 또 그 새 신자들의 영적 성장을 돕는 것을 즐거움으로 감당합니다. 그러나 어려운 결정을 해야 할 경우가 따르게 되면, 우리도 아까 그 전도 집회의 후속 조치를 하던 사람이 경비원의 질문에 응답했던 식으로 반응하곤 합니다. "사역은 잘돼 갑니다. 하지만 이후에 결정해야 할 일이 많아 쉽지 않습니다."

결정은 어렵다

많은 지도자들이 공감할 것입니다. 사역을 좋아하지만, 사역에 관련되는 내용을 결정해야 할 때는 종종 어려움을 느낍니다. 최근에 나는 대규모 선교사 훈련 프로그램을 책임 맡고 있는 한 사람으로부터 편지를 받았습니다. 그가 선교사로 일하는 나라의 정부 당국에서 비자를 재발급해 주려고 하지 않았기 때문에, 그곳 사역을 이어 나갈 지도자로서 누구를 추천할 것인가 결정해야 하는 고민이었습니다.

얼마 전에는 한 군목과 이야기를 나누었습니다. 한 교회로부터 목회자로 와 달라는 초청을 받았는데, 군대에 계속 머물러 있어야 할지, 아니면 떠나야 할지 결정해야 했습니다.

한 공군 조종사는 여러 차례 전화로 자신이 처한 딜레마를 털어놓았습니다. 그는 동료 장교들 사이에서 영혼을 구하는 일에 두드러지게 성공을 거두고 있었기 때문에, 많은 사람들이 그가 공군을 떠나 신학교에 가야 할 것이라고 생각하고 있었습니다. 그들은 그가 장차 특출한 그리스도인 지도자가 될 것이며 신학교 과정을 거치면 굉장히 성과를 거둘 것이라 생각하고 있었습니다.

결정을 내리기가 왜 그토록 어렵습니까? 지난주 나는 가족과 함께하는 시간에 혹시 결정하기가 어려운 일이 있는지 물어보았습니다. 모두들 "예"라고 대답하기에, 나는 결정을 어렵게 만드는 요인이 무엇인가 물었습니다. 다음은 그때 이야기한 내용을 정리한 것입니다.

1. 하나님의 뜻에 대한 혼동

어떤 특별한 문제에 관하여 당신의 삶을 위한 하나님의 뜻을 발견하는 데는 종종 여러 주 혹은 수개월, 수년이 걸리는 수가 있습니다.

2. 아무도 상심시키고 싶지 않은 마음

어떤 결정은 많은 사람들의 삶에 영향을 미치는 경우가 있습니다. 당신은 다른 사람들에게 불편을 끼칠 것이라 생각되는 일을 싫어할 것입니다.

3. 인기를 잃을 것에 대한 염려
이것은 어떤 옷을 입을 것이냐의 문제로부터 증거를 하느냐 마느냐의 문제에 이르기까지 범사에 영향을 미칠 수 있습니다. 어떤 결정은 다른 사람들에게 환영을 받지 못하기도 합니다.

4. 너무 바쁜 것
그 일에 대해 심사숙고할 시간이 없습니다.

5. 두려움
큰 걸음을 내딛고 결정을 내린다는 것이 두렵기만 합니다.

6. 정보 부족
결정을 내리는 데 필요한 자료를 제대로 갖고 있지 못합니다.

7. 교만
교만에 휩싸이게 되면 올바로 생각하지 못합니다. 그렇게 되면 당신의 마음은 가장 좋은 계획이 아니라 당신 자신에게 가장 큰 영광을 안겨 주는 계획만 보게 됩니다.

올바른 결정을 내리기란 종종 어려운 일이긴 하지만, 절대로 필요한 것입니다. 미국 북부에 있는 미네소타주의 미니애폴리스에서 남쪽에 있는 텍사스주의 댈러스까지 차를 운전해 갈 때 방향을 한번 잘못 잡으면 텍사스주마저도 들어가지 못하고 엉뚱한 데로 갈 수 있습니다. 그 넓은 텍사스주로부터 여간해서 빗나가지 않지만, 그럴 가능성이 있다는 것입니다. 어쩌다 보면 뉴올리언스나 로스앤젤레스에 가서야 차를 멈추게 될 수도 있습니다. 잘못된 결정은 당신을 막다른 골목 곧 파멸에 이르는 길로 몰아갈 수 있습니다. 결정을 내리는 일은 지도자로서 통달해야 할 기술입니다. 계속해서 잘못된 길로 이끄는 사람을 따르는 것보다 더 사기를 떨어뜨리는 것도 없습니다.

어떻게 좋은 결정을 내릴 것인가

어떻게 하면 훌륭한 결정을 내릴 수 있겠습니까? 몇 가지 기본적인 원리를 성경에서 찾아볼 수 있습니다.

어떤 길은 사람의 보기에 바르나 필경은 사망의 길이니라. (잠언 16:25)

1. 그릇된 결정을 식별할 것

당신도 한 인간으로서 그릇된 결정을 내릴 수 있다는 것을 미리 아는 것은 중요합니다. 예수님께서는 이렇게 말씀하셨습니다다. "사람들이 너희를 출회할 뿐 아니라, 때가 이르면 무릇 너희를 죽이는 자가 생각하기를 이것이 하나님을 섬기는 예라 하리라"(요한복음 16:2).

바울도 전에 동일한 문제점을 안고 있었던 것을 시인했습니다. "나도 나사렛 예수의 이름을 대적하여 범사를 행하여야 될 줄 스스로 생각하고"(사도행전 26:9).

우리는 스스로 올바르다고 생각하는 것을 결정하고 자기기만에 빠지기가 쉽습니다. 이런 이유로 성경은 다음과 같이 경고했습니다.

> 자기의 마음을 믿는 자는 미련한 자요, 지혜롭게 행하는 자는 구원을 얻을 자니라. (잠언 28:26)

성경은 인간의 마음을 심히 거짓된 것으로 묘사합니다. "만물보다 거짓되고 심히 부패한 것은 마음이라.…"(예레미야 17:9). 끊임없이 거짓말하고 속이는 사람을 누가 거듭 신뢰하겠습니까? 그런데 실제로는 많은 사람이 그런 일을 되풀이합니다. 지도자는 이런 함정에 빠져서는 안 됩니다. 우리는 온갖 죄악과 그릇된 결정, 어리석은 행동, 그릇된 판단, 잘못된 발걸음으로 빠져들 위험성을 안고 있기에, 결정해야 할 일이 있을 때 지도자는 정신을 똑바로 차려야 합니다.

하와가 마귀의 속삭임을 따르게 된 것은 그릇된 결정 때문이었습니다. 아론으로 하여금 금송아지를 만들게 한 것도 그릇된 결정이었습니다. 하나님의 사람 다윗으로 하여금 간음, 살인, 속임수의 수렁에 빠지게 한 것도 그릇된 결정이었습니다. 솔로몬이 우상들을 숭배하고 이방 여인들과 혼인하게 된 것도 그릇된 결정의 결과였습니다. 인간의 본성은 그릇된 결정을 하게 되어 있습니다. 이것은 극히 단순한 일에도 적용될 수 있습니다.

1977년 봄 나는 인디애나주에서 열린 주말 대학생 수양회에서 말씀을 전해 달라는 부탁을 받았습니다. 도착하여 몇 명의 간사들을 만나 보니, 예상보다 많은 대학생이 참석했다고 말했습니다. 그 때문에 모든 숙소가 다 만원이었습니다. 그들은 간사 세 명과 같이 쓰는 방에 내가 쓸 침대 하나를 마련해 두었다고 말했습니다. 좀 더 생각하거나 질문해 보지도 않고, 나는 "좋습니다" 하고 말했습니다.

내가 미처 알지 못했던 것은 그 방은 겨우 한 명 정도나 자기에 적당한 방이라는 점이었습니다. 또한, 그 방이 쿵쾅거리고 삐걱거리는 현관문 바로 옆에 있는 것도 미처 파악하지 못했습니다. 게다가 방을 같이 쓸 세 사람이 아주 큰 소리로 코를 고는 버릇이 있다는 것도 몰랐습니다. 사실상 그들은 인디애나 네비게이토들 사이에서 시끄럽게 코를 골아 대는 소리 때문에 '전기톱 일당'으로 알려져 있을 정도였습니다.

내가 도착했을 때는 다소 피곤한 상태였기 때문에 그날 밤 일찍이 잠자리에 들었습니다. 11시 반쯤인지 12시쯤인지 그들이 들어와 잠자리에 들자마자 곧 제각기 코를 골아 대기 시작했습니다. 천둥치는 소리, 물방울 떨어지는 소리, 호각 소리, 심하게 목쉰 소리 등 다양한 소리가 나의 잠을 깨우더니 내내 잠을 이루지 못하게 했습니다. 한참 동안이나 눈을 붙이려 애쓰다가, 마침내 담요를 들고 플라스틱제 긴 의자가 벽에 붙어 있는 식당으로 갔습니다. 새벽 4시경에 그 위에 누웠다가 5시경에야 겨우 잠이 들었는데 그때 요리사가 들어왔습니다. 나는 결정을 잘못 내렸던 것입니다. 돌이켜 생각해 보건대, 몇 가지 질문을 해 보고 상황을 타진해 본 후에 좀 더 사려 깊은 결정을 내렸다면 많은 골칫거리를 미연에 방지할 수도 있었을 것입니다.

2. 문제점을 분명히 밝힐 것

올바른 결정을 내리려면 스스로 이런 질문을 해 봐야 합니다. "이 시점에서 실제 문제점은 무엇인가? 우리가 해결하고자 하는 문제는 무엇인가?" 그 수양회에서 내게 필요했던 것은 잠이었습니다. 나는 그들이 방 하나를 마련했으니까 잠을 잘 수 있으리라고 짐작했지만 실상은 그렇지 못했습니다. "그 방은 잠자기에 조용한가?"와 같은 질문 하나만 했어도 적절한 결정을 내릴 수 있었을 것입니다. 도로변 아래쪽에 나의 필요를 채워 줄 만한 조그맣고 값이 저렴한 모텔이 하나 있었기 때문입니다. 나의 결정은 옳은 듯했지만 옳지 못했습니다.

성경의 교훈이 분명해집니다. "그런즉 너희가 어떻게 행할 것을 자세히 주의하여 지혜 없는 자같이 말고, 오직 지혜 있는 자같이 하여"(에베소서 5:15). 성경은 우리가 사면을 다 자세히 살펴보아야 한다고 말했습니다. 지도자는 결정을 내리기 전에 세

심한 주의를 기울여 문제점을 파악하고 상황을 조사해서 문제의 실상을 살펴보라는 권면입니다. 문제점을 충분히 살펴보기 위해서는 모든 사실과 정확한 정보를 충분하게 얻어야 합니다.

3. 대답하기 전에 경청할 것

비록 당신이 이미 무엇을 해야 할지 안다고 생각되더라도, 보다 많은 사실을 면밀히 조사해 보는 것이 현명합니다.

사연을 듣기 전에 대답하는 자는 미련하여 욕을 당하느니라. (잠언 18:13)

문제 해결의 최선책은 먼저 모든 사실에 귀를 기울이는 것입니다.

나는 최근에 네비게이토 선교회의 국제 지도자팀 모임에 참석했는데, 그 모임에서는 사역에 영향을 미치는 여러 가지 중요한 문제를 폭넓게 토의했습니다. 어느 날인가 우리는 특히 복잡하게 얽혀 있는 한 문제를 여러 각도에서 논의하느라고 많은 시간을 보냈습니다. 그날 끝 무렵, 회장인 론 쎄니는 하루 동안의 열띤 토의에 대해 우리에게 감사를 표시하면서 이렇게 말했습니다. "나는 오늘 아침 모임에 들어오면서, 문제에 대한 해결책이라고 생각되는 안을 가지고 있었습니다. 이제 여러분 덕분에 많은 점을 보완할 수 있게 되었고 분명한 전망 속에서 문제를 볼 수 있게 되었습니다. 나는 이제 우리가 한층 나은 길을 좇고 있다고 생각합니다." 그는 시간을 들여서 다른 사람들의 이야기를 다 듣고 난 다음에야 자기의 생각을 말했습니다.

종종 지도자는 이 점에서 실패합니다. 즉 지도자가 자기 생각과 일치하지 않는 견해는 아예 들으려고 하지 않는 것입니다. 그런 지도자는 교만이 그 속에 자리 잡게 되어 자신이 최상의 것을 알고 있다고 믿는 것입니다.

욥의 친구들은 이 점에서 실패했습니다. 반면에 욥은 자기가 잘 알지 못하는 일을 듣고 사실을 알아보려고 시간을 마련했습니다(욥기 29:16). 보디발은 아내가 자기에게 요셉에 대하여 거짓말을 할 때 참된 사실을 알지 못하였습니다(창세기 39:17-20). 사실을 제대로 알기도 전에 어떤 문제에 대해 결론을 내리는 것은 하나님의 율법에서도 금지되었습니다(신명기 13:12-14).

4. 모든 사람이 참여하도록 할 것

결정을 내리는 과정에서 참문제가 무엇인지를 알게 되면 지도자는 이제 다음 단계를 밟아 갈 준비가 된 셈입니다. 실제로 문제가 되고 있는 점을 알아냈기 때문에, 이제 조언자들을 불러 모아 문제에 대한 그들의 의견을 발표하게 해서 최상의 해결책을 구해야 합니다.

성경은 이 점을 정확하게 표현했습니다. "의논이 없으면 경영이 파하고 모사가 많으면 경영이 성립하느니라"(잠언 15:22).

지도자는 사람들이 자기 나름의 생각되는 의견이 있으면 무엇이든 발표할 수 있도록 자유롭고 허용하는 분위기를 만들어 주어야 합니다. 그들로 하여금 이른바 브레인스토밍을 하도록 하는 것입니다.

주위에 여러 가지로 제안해 주는 사람들이 있는 지도자는 참으로 복 있는 사람입니다. 지혜로운 사람이라면 자신의 이해력이 제한되어 있고 자신이 도움이 필요하다는 사실을 알고 있습니다. 어떤 문제에 여러 사람이 관여하게 되면 십중팔구 한 사람이 씨름하는 것보다 많은 국면을 보게 됩니다. 그리고 그것에 대해 의견을 나누다 보면 더 많은 아이디어가 나올 것입니다. 의논이라는 말이 히브리어에서 배를 나아가게 하고 방향을 조종하는 데 사용하는 장치를 가리키는 의미가 있다는 점을 주목해 보면 흥미롭습니다.

의논은 지도자에게 방향을 제시해 줍니다. 어떤 사업이든지 거기에는 올바른 방향을 제시해 줄 수 있는 많은 지도와 조언이 필요합니다. 여기에서 우리는 조언자들의 경건한 권고에 경의를 표하고 주목하여 귀를 기울이는 바람직한 지도자상을 그려 볼 수 있습니다. 의논하는 과정에서 지도자와 조언자들은 여러 해결책을 위해 다양한 길을 모색하여야 하며 그 대안에도 초점을 맞추어 보아야 합니다.

이것을 일상생활에 활용해 보면, 극히 사소한 일에서도 많은 유익을 얻을 수 있습니다. 자동차가 낡아서 마침내 교체해야 할 때가 되었다고 가정해 봅시다. 가족 중에는 운전면허증을 갓 따낸 젊은 아들이 있다고 합시다. 아버지는 보통 크기로 문이 넷인 바닐라색 자동차를 원하고 있습니다. 그런데 아들은 경주용

스포츠카를 갖고 싶어 합니다. 이때 아버지는 어떻게 해야겠습니까? 아들에게 잠자코 있으라고만 하겠습니까? 아니면 아들의 생각이 어리석다고 말하겠습니까? 아닙니다. 좀 지혜로운 사람이라면, 몇 주 동안 아들과 함께 시간을 내서 여러 자동차 매장을 방문하여 상담하고, 이모저모로 다양한 각도에서 고려해 볼 것입니다. 즉 어떤 자동차가 가족 여행이나 휴가, 장보기, 보험료 및 세금 등과 관련하여 적절한지를 전체적인 면에서 생각해 보아야 합니다. 십중팔구 그들은 둘의 견해 차이를 어느 정도 좁혀서 가족 전체에 적합한 결정에 이르게 될 것입니다.

어떤 결정을 내리기 위한 의논 과정에 다른 사람들을 참여시킴으로써 여러 가지 유익을 얻을 수 있습니다. 첫째로, 사람들이 자신들도 어떤 결정 과정에 관여했다는 것을 알 때, 그 결정 사항을 수행할 즈음에는 보다 원활한 협조 체제가 갖추어지게 됩니다. 또 한 가지는 조명을 얻게 된다는 점입니다. 분명코 한 명 이상이 관여하게 될 때 보다 밝은 빛과 많은 사실이 한데 모아져 열매로 나타나게 될 것입니다. 또한 지도자는 창조적인 사고를 하는 사람이나 개념적으로 생각을 잘 정리할 줄 아는 사람을 발굴해 낼 수도 있습니다. 이는 그가 훈련해 나갈 장래의 지도자를 찾고 있을 때 크게 도움이 됩니다.

이러는 과정에서 지도자는 자기 생각을 자기만 알고 있는 것이 좋습니다. 만일 자기가 생각하고 있는 바를 말해 버리면, 논의의 열기는 식어 버릴 수 있습니다. 그저 자리에 앉아서 재치 있게 아무것도 모르는 척, 그 모든 것을 수용하고 가능한 한 모든 비췸을 얻으며 사람들이 자유롭게 이야기하도록 해 주어야 합니다.

> 천하에 범사가 기한이 있고 모든 목적이 이룰 때가 있나니… 잠잠할 때가 있고 말할 때가 있으며 … 지혜자의 마음은 시기와 판단을 분변하나니. (전도서 3:1,7, 8:5)

5. 범위를 좁힐 것

해결책이 많이 제시되고 난 뒤에는 하나의 '대차 대조표'를 작성해 보는 것이 지혜로운 방법입니다. 여러 제시된 해결책으로 말미암아 나타날 수 있는 가능한 모든 결과를 심사숙고해 보십시오. 이렇게 할 때 어느 정도 범위를 축소할 수 있습니다.

가능한 모든 해결책을 찾아볼 때 지도자가 경계해야 할 부류의 사람들이 있습니다. 즉, 스스로 모든 것을 알고 있다고 생각하면서 지도자가 자기 의견에 따라 즉각적으로 행동하지 않는 것을 의아하게 여기는 조언자를 경계해야 합니다. 이들은 종종 자기가 꼭 맞는 해답을 갖고 있다고 생각하면서, "왜 이 문제를 그렇게 침소봉대합니까? 우리는 그것을 오래전부터 이런 식으로 해결했습니다. 왜 지금은 못합니까?" 하고 의아해합니다. 그들은 예전에는 그랬을지 몰라도 오늘날에는 적합하지 않을 수도 있다는 사실을 미처 깨닫지 못하고 있는 것입니다. 지도자는 조언자들이 내놓은 모든 제안을 곰곰이 잘 생각해 볼 시간을 가져야 합니다.

6. 하나님을 기다릴 것

지도자가 해야 할 다음 단계는 하나님을 바라고 기다리는 것입니다. 모든 문제를 주님께 맡기고 기도하십시오.

> 너의 행사를 여호와께 맡기라. 그리하면 너의 경영하는 것이 이루리라. (잠언 16:3)

믿음과 기도가 결합될 때 하나님의 뜻 안에서 당신의 생각을 굳게 세울 수 있습니다. 하나님의 영광이 첫자리에 와야 합니다. 그러나 하나님을 기다리는 것이 쉽지는 않습니다.

물론 지도자가 진짜 문제를 가려내는 것은 중요한 일입니다. 그리고 그가 조언을 받고 최상의 해결책과 대안을 찾아내는 것도 중요합니다. 그러나 지도자가 하나님을 기다리는 것은 절대적으로 필요합니다. 그런데 여기에서 실패하는 경우가 많습니다. 세계 곳곳에서 일하는 지도자들과 만나 이야기를 나누어 보면 대부분의 사람들이 가장 크게 갈등을 겪는 영역이 바로 이 점이란 사실을 실감하게 됩니다.

지도자는 아침에 자명종 울리는 소리나 시계 알람 음악을 듣고 잠자리에서 일어납니다. 아이들이 곧 학교 공부나 노는 것 등 하루 일과를 맞을 채비로 소란을 피웁니다. 그는 버스, 전철, 기차, 승용차 등 곳곳에서 교통 기관들이 내는 소음을 들으며 일터로 갑니다. 직장에서는 전화, 키보드, 컴퓨터 등의 잡다한 소음에 휩싸입니다. 하루 종일 이런 식으로 지냅니다. 하나님 앞에서 잠잠히 있기가 무척 어렵습니다. 항상 가 봐야 할 곳, 만나야 할 사람, 할 일 등이 있습니다. 그러나 이 모든 일에도 불구하고, 지도자는 은밀한 장소로 물러나 하나님을 기다려야 합니다.

이에 대하여 이사야 선지자가 잘 이야기했습니다.

> 오직 여호와를 앙망하는 자는 새 힘을 얻으리니, 독수리의 날개 치며 올라감 같을 것이요, 달음박질하여도 곤비치 아니하겠고, 걸어가도 피곤치 아니하리로다. (이사야 40:31)

우리는 이것을 선지자들과 사도들의 삶 속에서, 그리고 우리 주 예수님의 삶에서 분명하게 봅니다.

당연히 일은 계속되어야 하고 이에 따라 지도자는 종종 다른 일로 바삐 움직이기도 해야 합니다. 그러나 그는 반드시 매일 하나님과만 만나 함께하는 시간을 가져야 합니다. 다윗왕은 이것을 강력하게 표현했습니다.

> 너는 여호와를 바랄지어다. 강하고 담대하며 여호와를 바랄지어다. (시편 27:14)

이 믿음과 신뢰의 태도야말로 염려와 초조한 마음에 큰 해독제 역할을 합니다. 하나님과 더불어 많은 시간을 보내는 지도자는 주님께서 그의 생각을 확고하게 세워 주시고 올바르게 결정하도록 자신을 이끄실 것이라는 확신을 가지고 앞으로 나아갑니다.

7. 결정을 내릴 것

결정할 때가 되면 결정을 내리십시오. 하나님께서는 우리에게 머리를 주셨고 우리가 그것을 사용하길 원하십니다. 주님께서는 우리에게 선택하는 능력을 주셨습니다. 우리는 생각하고 기도하며 정보를 모으고, 이를 통해 실제 문제를 찾아내고 상황을 분명히 평가하기 위해 할 수 있는 최선을 다해야 합니다. 그러나 이렇게 하는 동안에도 우리를 인도하시는 이는 결국 주님이란 사실을 기억해야 합니다.

> 사람이 마음으로 자기의 길을 계획할지라도 그 걸음을 인도하는 자는 여호와시니라. (잠언 16:9)

> 사람의 마음에는 많은 계획이 있어도 오직 여호와의 뜻이 완전히 서리라. (잠언 19:21)

성경은 기록하기를, "여호와의 도모는 영영히 서고, 그 심사는 대대에 이르리로다"라고 했습니다(시편 33:11). 또 주님께서는 다음과 같이 말씀하셨습니다.

> 너희는 옛적 일을 기억하라. 나는 하나님이라. 나 외에 다른 이가 없느니라. 나는 하나님이라. 나 같은 이가 없느니라. 내가 종말을 처

음부터 고하며 아직 이루지 아니한 일을 옛적부터 보이고 이르기를 "나의 모략이 설 것이니 내가 나의 모든 기뻐하는 것을 이루리라" 하였노라. (이사야 46:9-10)

하나님께서 마음과 뜻과 책임을 주신 사람들을 통해, 주님께서 정하신 영원한 목적을 성취해 가시는 방법은 정말 신비가 아닐 수 없습니다. 사람은 꼭두각시가 아닙니다. 그는 자기 자신의 결정을 내릴 수 있는 자유 의지를 가지고 있습니다. 그러나 하나님께서는 절대주권 가운데 모든 것을 목적을 향해 움직여 가십니다. 훌륭한 결정은 사람의 자유 의지와 하나님의 절대 주권이 팀웍으로 어우러져서 이루어지는 수고의 산물입니다. 우리는 우리의 길을 지혜롭게 계획해야 합니다. 그러나 하나님의 지침을 따라 이것을 해야 합니다.

지도자의 삶 속에 나타나는 이런 신중한 분별력을 사람들이 보게 될 때 지도자는 그들로부터 신뢰와 존경을 얻게 됩니다. 그들은 지도자가 자신의 직무를 잘 이해하고 있고 또 그 일에 성실한 것을 보면, 기쁨으로 그를 따를 것입니다. 또한 지도자의 말과 행실에 지혜가 돋보이게 될 때, 그들은 그 일을 완수하기 위하여 적극 동참할 것입니다.

그러나 또 한 가지 필요한 것은 그들이 지도자의 삶에서 하나님께 대한 전폭적인 신뢰가 나타나는 모습을 보는 것입니다. 그러므로 지도자는 자기 자신의 지혜와 명철에 사로잡혀 거기에만 의지해서는 안 됩니다.

8. 실행할 것

이제 남은 마지막 일은 해결책을 실행하는 것입니다. 이것 또한 두 요소가 조화되어 이루어집니다.

바울은 "내게 능력 주시는 자 안에서 내가 모든 것을 할 수 있느니라"라고 했습니다(빌립보서 4:13). 여기서 '내게 능력 주시는 자 안에서'는 믿음으로 하나님을 전폭적으로 의뢰하는 것을 뜻하고, '내가 모든 것을 할 수 있느니라'는 지혜와 분별력을 가지고 전진해 나가는 우리의 역할을 나타냅니다.

곧 이어질 실행 과정에는 다음과 같은 문제가 포함됩니다. 즉시 해야 할 일은 무엇인가? 그 일을 이룰 수 있는 최적임자는 누구인가? 언제 그것을 완성할 것인가? 비용은 얼마나 들 것인가?

함께하는 사람들 사이에 얼마만큼 높은 사기와 열심이 있느냐 하는 것은 지도자가 얼마만큼이나 주님을 위하여 건설적이며 생산적인 봉사를 하면서 사람들을 부지런히 바른길로 이끌어 가느냐에 달려 있습니다. 계속 그릇된 결정을 내리는 사람을 따르면서 결코 평안을 누릴 수는 없습니다. 탁월한 지도자는 올바른 결정을 내릴 줄 아는 사람입니다.

10
역량 있는 지도자

지도자에게 닥치는 유혹
자기 분수를 넘어서는 위험
지도자는 만물박사가 아니다
지도자는 자기 일을 안다
지도자는 일을 마무리 짓는다

당신이 축구팀의 멤버라고 가정해 봅시다. 갑작스레 감독이 병이 나서 물러났습니다. 중요한 몇 시합이 눈앞에 닥쳐 있습니다. 당신과 팀 내의 다른 선수들은 장차 팀이 어떻게 될지 궁금해하며 애를 태우게 됩니다.

어느 날 아침 구단주가 선수들을 집합시킨 후 신임 감독이 내정되었다고 발표합니다. 곧 당신은 그 감독을 만나 연습에 들어가게 됩니다.

그 감독은 놀라운 자질을 많이 가지고 있습니다. 모든 선수와 그 가족에게 개인적인 관심을 보여 줍니다. 관대하고 부드러우며 사교적입니다. 또한 성품이 쾌활하고 얼굴에는 늘 즐거운 미소를 가득 머금고 있으며, 팀과 함께 있는 것을 정말로 즐기는 듯합니다. 열심히 일하고 시간을 엄수하며 선수들의 필요에 맞게 움직여 줄 줄 알고 자신을 아낌없이 팀에 바치는 사람입니다. 잘 웃고 유머가 있으며 모든 사람에게 활력을 북돋아 줍니다. 한마디로 팔방미인입니다. 그런데 그에게 한 가지 결정적인 결점이 있다는 사실이 드러나게 됩니다. 축구에 관해서는 문외한이라는 점입니다. 이 사실은 그가 가진 모든 장점의 빛을 가려 버립니다. 정작 축구팀의 감독이라는 자기 본연의 임무는 수행할 수 없기 때문입니다.

몇 년 전 이와 같은 일이 어떤 기관 내에서 일어났던 것을 보았습니다. 높은 자리에 있던 사람들 중에 한 명이 승진하게 되어 새로운 사람이 그를 대신하여 임명되었습니다. 처음에는 모두가 그를 좋아했습니다. 그는 이른바 훌륭한 보이 스카우트의 모든 자질을 구비하고 있었습니다. 즉, 믿음직하고 충성되며 친근하고 온유하며 쾌활하고 검소하고 용감하고 말쑥하고 공손한 사람이었습니다. 모두 다 그는 장차 큰일을 해내고 놀랍게 성공할 것이라 믿었습니다.

그러나 곧 그는 그 부서를 이끌 능력이 없다는 사실이 드러나게 되었습니다. 그는 자신의 일을 제대로 알고 있지 못했습니다. 부서 내의 다른 사람들이 부서장인 그보다도 많이 알고 있었습니다. 그 결과 사람들은 투덜대기 시작했습니다. 그 부서에서는 일에 진척이 없고 부서 내의 큼직한 여러 계획은 부서장의 무능력이라는 짙은 안개 속에서 희미해져 가기 시작했습니다. 사람들의 사기는 떨어질 대로 떨어지고, 만사가 곧 정체 상태에 빠지게 되었습니다. 그 사람은 결국 경질될 수밖에 없었습니다.

그가 보인 수많은 자질은 곧 도덕적 성품에 관한 것으로서 매우 호감을 주긴 했어도 그 이상의 의미는 없었습니다. 그는 일을 할 줄 몰랐기 때문에 그 조직에는 쓸모없는 사람이었습니다. 지도자는 이끄는 사람입니다. 이끌기 위해서는 자기 일을 잘 알아야 합니다. 물론 한동안은 임기응변으로 그럴듯하게 둘러댈 수도 있겠지만, 조만간 모든 진상이 드러나게 됩니다. 사람들은 자신들이 자격 미달의 무능한 사람 밑에서 통솔받는다는 것을 알 때, 투덜대고 불평하며 스스로 그 일을 떠나든지 아니면 그 지도자를 강제로 떠나게 하든지 둘 중 하나를 택합니다. 지도자의 역량은 사기와 동기를 진작하기도 하든지 아니면 깨뜨려 버리는 역할을 하게 됩니다. 그러므로 지도자는 반드시 자기 일을 잘 알아야 합니다.

성경은 이 점에 대해 이렇게 말했습니다.

> 슬기로운 자의 지혜는 자기의 길을 아는 것이라도, 미련한 자의 어리석음은 속이는 것이니라. (잠언 14:8)

이 구절은 맡은 일에 자신의 지식과 경험을 실제적으로 적용할 수 있는 감각에 대해 말하고 있습니다. 슬기로운 자는 무엇이 관련되어 있는지, 어떻게 A에서 B까지 도달하는지, 어떻게 사업의 생산성을 높일 수 있는지를 압니다. 여기서 또 한 가지 주목해야 할 점은 그는 자기의 길을 잘 알고 있어야 한다는 것입니다. 지도자는 자기의 직무를 알고 있어야 합니다. 그는 하나님께서 자신에게 원하시는 일이 무엇인지를 알고 있으며 또한 그 일에 착념하는 사람입니다.

지도자에게 닥치는 유혹

얼마 전에 한 교회학교 교사가 히브리서 12:1 말씀을 들려주었습니다.

> 이러므로 우리에게 구름같이 둘러싼 허다한 증인들이 있으니, 모든

무거운 것과 얽매이기 쉬운 죄를 벗어 버리고 인내로써 우리 앞에 당한 경주를 경주하며.

그가 이 구절을 설명해 주는 동안, 우리 앞에 당한 경주라는 말이 특히 내 마음을 끌었습니다. 우리 각 사람에게는 달려가야 할 경주가 있습니다. 즉 우리 모두는 할 일이 있습니다. 혼자서 모든 것을 다 할 수는 없기 때문에, 우리는 하나님께서 우리에게 하라고 주신 일을 하고 나머지 일은 다른 사람에게 맡겨야 합니다. 그게 쉬운 일이 아닙니다. 우리의 대적은 종종 바로 이 점에서 우리를 공격합니다. 이때 지도자 위치에 있는 사람은 특히 공격을 받기 쉽습니다. 이러한 공격은 대개 몇 가지 양상으로 나타납니다.

1. 시기심

지도자는 자기보다 재능이 많은 사람과 접촉할 때, 그 사람의 재능에 대해 시기심이 생기는 수가 있습니다. 내가 처음 네비게이토 선교회와 함께하게 되었을 때 이 올무에 빠지게 되었습니다. 아내와 나는 피츠버그에서 켄 스미스 목사와 가까이 지내며 살고 있었습니다. 그런데 켄은 종달새처럼 노래를 잘 불렀습니다. 그는 나의 시골티 나는 말투와는 크게 대조적으로 세련된 어휘를 구사했습니다. 나는 켄처럼 되고자 애썼지만 별 소용이 없었습니다.

그로부터 여러 해가 지난 후 조지 산체스 곁에서 일하게 되었는데, 조지도 종달새처럼 노래를 잘 불렀습니다. 그는 훌륭한 찬송 인도자이며 사회자입니다. 또한 휴양지에서 함께 시간을 보내며 가끔 축구를 할 때면 나보다 더 멀리 공을 차 보냈습니다. 다행히도 이렇게 몇 년을 보내는 동안 이런 종류의 문제를 해결하는 법을 배우게 되었습니다. 나는 다만 이렇게 결심했습니다. 즉 하나님께서 내게 주신 은사 안에서 나에게 하도록 주신 일에만 착념하기로 마음먹은 것입니다. 나는 내게 주어진 능력의 범위 안에서 일을 하며 살아가는 법을 배우게 되었습니다.

2. 자만심

지도자가 어떤 특별한 방면에 재능이 있어 그런 일을 잘 해내고 있을 때, 그 면에 재능이 덜한 사람을 얕보게 되는 유혹에 부딪칩니다. 몇 년 전 주님께서는 이 문제와 직접 연관되는 한 말씀을 주셨습니다. 곧 사도 바울이 고린도인들에게 서로 자만하지 말라고 강하게 경고했던 말씀입니다.

> 누가 너를 구별하였느뇨? 네게 있는 것 중에 받지 아니한 것이 무엇이뇨? 네가 받았은즉 어찌하여 받지 아니한 것같이 자랑하느뇨? (고린도전서 4:7)

지도자가 이 원리를 이해할 때 자만의 유혹에 그리 쉽게 빠지지 않습니다.

3. 자책감

지도자가 다른 그리스도인 지도자들과 교제하다 보면 자기 본연의 부르심과는 거리가 먼 어떤 일을 썩 잘 해내는 사람을 보게 됩니다. 이렇게 다른 사람과 비교하면서 자책감이 생길 수 있습니다.

최근 아내는 인도의 테레사 수녀에 대한 기사를 읽었습니다. 그것을 읽은 후 서재에 들어가서 테레사 수녀와 비교하더니 자신의 보잘것없는 헌신을 슬퍼하기 시작했습니다. 그 기사로 말미암아 아내는 기가 꺾였던 것입니다. 얼마 동안 이런저런 이야기를 나눈 다음, 우리는 함께 고린도후서 10:12을 찾아보았습니다.

> 우리가 어떤 자기를 칭찬하는 자로 더불어 감히 짝하며 비교할 수 없노라. 그러나 저희가 자기로서 자기를 헤아리고 자기로서 자기를 비교하니 지혜가 없도다.

이 말씀은 그 문제를 직접적으로 꼬집고 있습니다. 자기를 기준으로 자기를 비교할 때, 우리는 패배감에 젖어 들 수 있습니다. 우리는 다만 하나님께서 우리를 위해 택정해 주신 길에 견주어서 우리 자신을 헤아려야 합니다.

모든 사람이 다 테레사 수녀처럼 될 수는 없습니다. 사실 단 한 사람 즉 테레사 수녀 자신만이 가능합니다. 아내는 인도의 굶어 죽어 가는 사람들을 돌보아 줄 수는 없지만, 이웃에 사는 부인들에게 생명의 복음을 전하며 그들을 위해 전도 성경공부를 인도할 수는 있습니다. 이는 하나님께서 아내에게 주신 일 중 하나이며, 아내의 할 바는 그리스도의 능력과 지혜를 힘입어 이 일을 잘 해내는 것입니다.

자기 분수를 넘어서는 위험

성경은 하나님의 부르심의 한계를 넘어서게 되면 위험하다고 명확하게 밝히고 있습니다. 웃사는 자기 손을 펴서 하나님의 궤를 붙듦으로 말미암아 하나님의 진노를 당하였습니다(역대상 13:9-10).

웃시야왕은 하나님의 축복으로 형통하고 강하게 되었으나 강성하여지자 교만해졌습니다. "저가 강성하여지매 그 마음이 교만하여 악을 행하여 그 하나님 여호와께 범죄하되 곧 여호와의 전에 들어가서 향단에 분향하려 한지라"(역대하 26:16). 하나님께서 긍휼하심 가운데 웃시야를 금하려 하셨으나 아무 소용이 없었습니다.

제사장 아사랴가 여호와의 제사장 용맹한 자 팔십 인을 데리고 그 뒤를 따라 들어가서 웃시야왕을 막아 가로되, "웃시야여, 여호와께 분향하는 일이 왕의 할 바가 아니요 오직 분향하기 위하여 구별함을 받은 아론의 자손 제사장의 할 바니 성소에서 나가소서. 왕이 범죄하였으니 하나님 여호와께 영광을 얻지 못하리이다." 웃시야가 손으로 향로를 잡고 분향하려 하다가 노를 발하니 저가 제사장에게 노할 때에, 여호와의 전 안 향단 곁 제사장 앞에서 그 이마에 문둥병이 발한지라, 대제사장 아사랴와 모든 제사장이 왕의 이마에 문둥병이 발하였음을 보고 전에서 급히 쫓아내고 여호와께서 치시므로 왕도 속히 나가니라. 웃시야왕이 죽는 날까지 문둥이가 되었고 문둥이가 되매 여호와의 전에서 끊어졌고 별궁에 홀로 거하였으므로 그 아들 요담이 왕궁을 관리하며 국민을 치리하였더라. (역대하 26:17-21)

자기 책임의 한계를 넘어섰던 지도자의 또 다른 전형적인 예는 사울입니다. 그는 자기 마음대로 하나님께 번제를 드렸습니다. 사무엘이 그것에 대하여 묻자 그는 어이없는 답변을 했습니다. 자신은 그렇게 할 뜻이 없었는데, 형편상 '부득이하여' 그렇게 했다는 의미로 말했습니다(사무엘상 13:12). 이에 대한 사무엘의 답변은 단호했습니다.

사무엘이 사울에게 이르되 "왕이 망령되이 행하였도다. 왕이 왕의 하나님 여호와께서 왕에게 명하신 명령을 지키지 아니하였도다. 그리하였더면 여호와께서 이스라엘 위에 왕의 나라를 영영히 세우셨을 것이어늘, 지금은 왕의 나라가 길지 못할 것이라. 여호와께서 왕에게 명하신 바를 왕이 지키지 아니하였으므로 여호와께서 그 마음에 맞는 사람을 구하여 그 백성의 지도자를 삼으셨느니라" 하고. (사무엘상 13:13-14)

사도 바울은 이렇게 말했습니다. "나의 달려갈 길과 주 예수께 받은 사명 곧 하나님의 은혜의 복음 증거하는 일을 마치려 함에는 나의 생명을 조금도 귀한 것으로 여기지 아니하노라"(사도행전 20:24).

지도자는 하나님께로부터 받은 봉사의 직무를 수행하는 길에서 벗어나 곁길로 나가도록 은근히 부추기는 시기심, 자만심, 자책감, 그 밖의 유혹 등을 결코 방치해 두어서는 안 됩니다. 하나님께서 다른 사람에게 맡겨 주신 일에 대해 비판자나 심판관 역할을 하는 것은 그의 할 일이 아닙니다. 다른 사람이 수행하고 있는 사역에 분주하게 끼어들려 하는 것도 분별력 있는 행동이 아닙니다. 자기 본연의 길 위에 수많은 올가미가 입을 벌리고 있습니다. 그 길에는 뛰어넘어야 할 장애물이 많이 있지만 지도자는 오직 하나님께서 그를 위해 세우신 푯대를 향하여 달려가야 합니다.

경주를 하는 선수는 결승점이 어디에 있는지 알 뿐 아니라, 넘어가서는 안 되는 위험 경계선이 어디에 있는지도 잘 압니다. 지도자는 둘 다 명심하는 것이 좋습니다. 바울은 분명히 그렇게 행하였기에 이렇게 기록하였습니다.

> 그러나 우리는 분량 밖의 자랑을 하지 않고, 오직 하나님이 우리에게 분량으로 나눠 주신 그 분량의 한계를 따라 하노니, 곧 너희에게까지 이른 것이라. (고린도후서 10:13)

지도자는 만물박사가 아니다

지도자는 자기 직무 외에도 아는 것이 있긴 하지만, 자기가 더 할 나위 없이 통달했다고 말할 수 있는 경지에는 결코 이르지 못할 것도 압니다. 훌륭한 지도자는 끊임없이 배우는 사람입니다.

"지혜로운 자는 지식을 간직하거니와, 미련한 자의 입은 멸망에 가까우니라"(잠언 10:14). 이 구절에서 대조하며 보여 준 두 사람을 주의해서 잘 보십시오. 한 사람은 끊임없이 마음을 열고 지식을 쌓고 간직하였습니다. 다른 한 사람은 끊임없이 입을 열고 마음에 있는 바를 쏟아 냈습니다.

훌륭한 지도자의 대표적인 특징 가운데 하나는 가르침을 잘 받으며 주님께로부터 받은 임무를 수행하는 데 도움이 된다면 열심히 배운다는 것입니다.

> 명철한 자의 마음은 지식을 요구하고, 미련한 자의 입은 미련한 것을 즐기느니라. (잠언 15:14)

역량 있는 지도자는 결코 자만하지 않으며, 보다 능숙하게 일하고 좀 더 정보에 밝으며 좀 더 훌륭하게 일하기 위해 모든 대책을 강구하는 사람입니다.

역량 있는 지도자가 되려면 지혜와 명철뿐만 아니라 그 이상의 것을 갖추고 있어야 합니다. 지도자에게는 또한 믿음이 필요합니다. 지혜는 자신의 명철과 기술에 관한 문제이지만, 믿음은 그것을 훨씬 넘어서는 것으로 하나님께 기대할 수 있는 모든 것에 관한 문제입니다. 지도자에게는 분명히 지혜가 필요합니다. 요셉의 지혜로운 지도력과 경영으로 온 민족이 기아에서 구출되었습니다(창세기 41:34-36,46-49,53-57). 사도들 역시 지혜로운 지도력과 경영을 통해 가난한 이들의 쓸 것을 공급하였습니다. 하지만 이로 말미암아 그들이 맡은 본연의 임무 즉 '기도하고 말씀을 전하는' 임무를 제쳐 둔 채 다른 일에 빠지지는 않았습니다(사도행전 6:1-4).

그러나 인간의 명철만으로는 충분하지 못합니다. 비결은 바로 균형에 있습니다. 게으른 지도자는 "나는 그저 모든 문제를 하나님께 맡기고 있지요"라고 하면서 자신의 나태함을 정당화하기 쉽습니다. 반면에 열정적인 지도자는 어찌나 수고하며 분투하는지 자기에게 하나님이 계시다는 사실마저 잊어버릴 지경에까지 이를 수 있습니다. 지도자가 자신의 지혜와 명철로 어떤 계획을 성공적으로 완수할 수도 있습니다. 그러나 그의 지혜와 명철이 하나님을 향한 진실된 믿음과 화합될 때라야 그는 진정한 행복과 만족을 얻을 수 있습니다(잠언 3:5-6, 16:20 참조).

아무리 역량이 있는 지도자라 할지라도 자신이 직무 수행에서 완전한 경지에는 다다르지 못한다는 것을 분명히 알기 때문에, 끊임없이 개선책을 찾게 됩니다. 아울러 하나님을 더욱 의뢰하는 생활 방식을 발전시켜 가야만 합니다. 이 두 가지 목표를 모두 성취하기 위한 가장 중요한 방법은 하나님의 말씀을 지속적으로 공부해 가며 적용하는 것입니다.

주의 법도로 인하여 내가 명철케 되었으므로 모든 거짓 행위를 미워하나이다. (시편 119:104)

하나님의 말씀은 우리가 해야 할 올바른 일을 알게 해 주고 또 그것을 실행하는 데에 필요한 자원이 됩니다.

경영 및 재정 문제를 다루는 세미나와 서적 등은 지도자의 업무 지식을 쌓아 가는 데 도움을 줍니다. 지도자가 여러 유용한 자료를 민감히 살피고 선택을 잘한다면, 거기에서 많은 유익을 얻을 것입니다. 그러나 하나님의 말씀을 따라갈 만한 지혜의 원천은 없습니다.

주의 계명이 항상 나와 함께하므로 그것이 나로 원수보다 지혜롭게 하나이다. 내가 주의 증거를 묵상하므로 나의 명철함이 나의 모든 스승보다 승하며 주의 법도를 지키므로 나의 명철함이 노인보다 승하니이다. (시편 119:98-100)

잠언은 인도와 명철을 얻는 또 하나의 방법에 주의를 환기해 줍니다.

미련한 자는 자기 행위를 바른 줄로 여기나 지혜로운 자는 권고를 듣느니라. (잠언 12:15)

상사나 동료, 그리고 자기가 돌보아 줄 책임이 있는 사람들의 말에도 귀 기울여 듣는 습관을 길러야 합니다. 예로부터 경건한 권고를 들었던 지도자치고 지혜 없는 행동으로 말미암아 야기될 수 있는 심각한 곤란을 당하는 일은 거의 없었습니다. 모세가 장인 이드로의 권고를 경청한 결과 확실히 형편이 훨씬 좋아졌습니다(출애굽기 18:14-24). 또한 다윗도 삼가 행하라고 하는 아비가일의 권고를 받아들임으로써 어리석은 행동을 범하지 않게 되었습니다(사무엘상 25:23-32).

최근에 나는 멕시코에서 대학생을 대상으로 한 사역에서 크게 성공을 거두고 있는 선교사 댄과 점심을 같이 했습니다. 댄의 성공적인 사역은 1960년대에 있었던 한 선교 대회에서 비롯되었습니다. 텍사스 대학교 학생 시절에, 그는 하나님께서 자기에게 외국에서 섬길 길을 열어 주시길 바라는 마음으로 그 대회에 참석했습니다. 당시 그는 그리스도인이 된 지 3년 남짓 되었는데, 캠퍼스에서 그리스도를 증거하는 삶에 제법 성공을 거두고 있었습니다. 그러나 그는 자기가 그리스도께 인도한 사람들이 제대로 대를 이어서 양육을 해내지 못하는 것을 보고 실망이 되었습니다.

대회 기간 중에 댄은 텍사스 A & M 대학 출신 학생인 빌을 만났습니다. 빌은 그와 나이가 엇비슷하였고 졸업 후 주님의 일꾼으로서 섬기고자 하는 관심 가운데 있었습니다. 그러나 빌은 그와 한 가지 다른 점이 있었습니다. 빌에게는 텍사스 A & M 대학에서 함께 온 학생 여섯 명이 있었습니다. 그들 중 두 명은 빌이 복음을 전하여 주님께로 인도했던 사람이고, 이 두 명이 다시 다른 두 명을 인도해서 이번에는 나중에 인도된 둘이 또 다른 두 명을 그리스도께 인도했던 것입니다. 그야말로 댄이 찾고 있던 바를 생생하게 그대로 보여 준 것입니다.

댄은 그다음 날, 아침 시간을 빌과 함께 보내면서 그의 텍사스 A & M 대학 사역에 관하여 여러 가지 질문을 했는데, 어떻게 하면 그리스도인으로서의 삶과 사역에 자신도 텍사스 대학교에서 그와 똑같은 일을 할 수 있는지, 그리고 어떻게 준비해야 하는지를 물었습니다. 빌은 만일 댄이 일주일에 한 번씩 와서 배우겠다면, 자기가 배운 내용을 그에게 전해 주겠다고 말했습니다. 이는 그들 양편에게 다 큰 값을 치르게 되는 일로서, 이미 꽉 채워져 있는 일정에 그 시간을 끼워 넣는 것은 쉽지 않은 일이었습니다. 그러나 이것이야말로 댄이 갈망해 오던 바였으므로, 댄은 전도와 제자삼는 사역의 기본 원리를 배우기 위해 그 이듬해 내내 매주 한 번씩 차를 몰고 130km의 먼 길을 달려오곤 했습니다. 그는 빌에게 귀 기울여 배우며, 배운 바를 실제로 생활에 적용하였습니다.

오늘날 댄은 성공적인 선교사로서 중남미 지역에서 충성스러운 그리스도인들을 이끌고 있는데, 이들은 그리스도를 증거하며 주위 사람들에게 뻗어 나아가 그들을 제자로서의 삶을 살도록 훈련하는 일에 큰 성과를 거두고 있습니다. 댄은 자기의 일을 알고 있으며, 그와 함께하는 사람들은 사기가 드높고 동기가 고양된 팀을 형성하고 있습니다. 이는 잠언의 다음과 같은 말을 실증한 본보기입니다.

훈계를 저버리는 자에게는 궁핍과 수욕이 이르거니와 경계를 지키는 자는 존영을 얻느니라. (잠언 13:18)

지도자는 자기 일을 안다

지도자가 자기의 일을 안다는 것보다 더 중요한 것은 없습니다. 몇 해 전 여름, 유럽 여행을 하면서 독일 올덴부르크에 있는 한 식당에서 점심 식사를 했습니다. 그 창문에는 아메리칸 익스프레스 카드도 받는다는 안내문이 붙어 있었습니다. 그러나 내가 막상 식사비를 지불하려고 그 카드를 내놓으니, 식당에 있는 사람 중에 그 카드로 결재하는 법을 아는 사람이 아무도 없었습니다.

같은 해 여름 네덜란드의 고속도로를 달려 내려가고 있었는데, 함께 여행하고 있던 친구가 텅 비어 있는 거대한 현대식 사무실용 건물을 가리켰습니다. 그런데 그 곁에 거대한 휘발유 저장 탱크 하나가 너무 가까이 지어져 있었습니다. 사무실 건물은 그러한 탱크로부터 일정 거리 이상 멀리 떨어져 있어야 한다는 법령이 있었으므로 엄청난 금전적 손해를 보게 되었습니다. 건축 허가를 내준 사람이 자기 일을 알지 못했던 것입니다.

최근에 우리 가족은 한 피아노 연주회에 참석했습니다. 피아노 연주자 옆 의자에 악보를 넘겨 주는 소녀가 앉아 있었던 것이 생각납니다. 나는 그 소녀가 악보를 넘기는 것을 지켜보면서, 스스로 한 가지 질문을 해 보았습니다. 악보를 넘기기 위해 알아야 할 게 얼마나 될까? 물론 알아야 할 것이 별로 없습니다. 사실상 나의 어린 손녀 아이도 그 일은 해낼 수 있습니다. 그러나 내 손녀는 연주회장에서 그 일을 잘 해낼 수는 없습니다. 연주회에서 그 일을 해낼 수 있기 위해서는 독보법을 알아야 하기 때문입니다. 악보를 넘길 수 있는 능력 이상의 것이 있어야 합니다. 언제 악보를 넘겨야 할지를 알아야 하며 이 일을 위해서는 배움과 훈련이 필요합니다.

지도자는 일을 마무리 짓는다

일을 시작한다는 것은 흥미진진한 것이 될 수 있습니다. 일을 수행하는 것도 즐겁고 성취감이 있습니다. 단, 당신이 그 일이 완성되는 것을 지켜볼 수 있으리라는 것을 알 때 그렇습니다. 실패로 돌아갈 것이 뻔히 보이는 일을 시작하기란 여간 힘 빠지는 게 아닙니다. 사람들로 하여금 임무를 완수하도록 도와주는 것이 지도자의 책임입니다. 이 말은 그가 자기가 하는 일을 알고 있는 동시에 자기와 함께 동역하는 사람들이 직무를 배워 그것을 성공적으로 마무리 짓도록 도울 수 있다는 것을 전제로 합니다.

예수 그리스도께서는 이 면에서도 우리에게 최고의 모본이 되십니다. 주님께서는 대제사장으로서 다음과 같은 기도를 하셨습니다.

아버지께서 내게 하라고 주신 일을 내가 이루어 아버지를 이 세상에서 영화롭게 하였사오니. (요한복음 17:4)

주님께서는 자기 일을 아셨고 그 일을 하셨으며 자기가 떠난 뒤 그 일을 계속 이루어 가도록 제자들을 훈련하셨습니다.

좋은 의도가 반드시 훌륭한 이행을 보장해 주지는 않습니다. 모든 지도자는 하나님께서 하라고 맡기신 일에 유능해야 합니다. 그는 자기 일에 착수할 때 솔로몬의 예를 따라야 할 것입니다(열왕기상 3:5-10).

기브온에서 밤에 여호와께서 솔로몬의 꿈에 나타나시니라. 하나님이 이르시되, "내가 네게 무엇을 줄꼬? 너는 구하라." 솔로몬이 가로되, "주의 종 내 아비 다윗이 성실과 공의와 정직한 마음으로 주와 함께 주의 앞에서 행하므로 주께서 저에게 큰 은혜를 베푸셨고, 주께서 또 저를 위하여 이 큰 은혜를 예비하시고 오늘날과 같이 저의 위에 앉을 아들을 저에게 주셨나이다. 나의 하나님 여호와여, 주께서 종으로 종의 아비 다윗을 대신하여 왕이 되게 하셨사오나, 종은 작은 아이라 출입할 줄을 알지 못하고 주의 빼신 백성 가운데 있나이다. 저희는 큰 백성이라. 수효가 많아서 셀 수도 없고 기록할 수도 없사오니 누가 주의 이 많은 백성을 재판할 수 있사오리이까? 지혜로운 마음을 종에게 주사 주의 백성을 재판하여 선악을 분별하게 하옵소서." 솔로몬이 이것을 구하매 그 말씀이 주의 마음에 맞은지라.

당신이 어떤 일을 책임 맡았는데, 무엇을 해야 할지 알지 못한다면 솔로몬이 그랬던 것처럼 하나님께 지혜와 능력을 구하십시오. 하나님께서 당신에게 지혜와 능력을 주실 것입니다. 하나님께서는 역량 있는 지도자들을 원하시기 때문입니다.

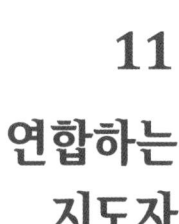

11
연합하는 지도자

연합을 파괴하는 요인
연합을 도모하는 요소
지도자의 책무
서로 필요함

나는 고등학교 시절 아이오와주에서 형의 농장 일을 거들어 주면서, 함께 팀으로 일할 때 얻을 수 있는 유익점을 처음으로 깨닫게 되었습니다. 우리에게는 말이 네 마리 있었는데, 몰리와 베스의 팀, 그리고 버드와 낸스의 팀 이렇게 두 팀으로 묶어 일을 시켰습니다. 몰리는 덩치가 컸고 베스는 그보다 훨씬 왜소하고 노쇠했습니다. 우리는 이 두 마리를 쟁기에 매어 밭을 갈았는데, 그들은 아주 완벽하게 일을 잘 해냈습니다. 몰리는 아마도 힘이 약한 베스가 간간이 도움이 필요하다는 것을 알아차린 듯했으며 어느 정도는 도와주고자 하는 빛이 역력했습니다. 베스도 모퉁이를 돌 때마다 더 힘을 내려고 했으며 어느 정도는 몰리를 이끌어 가기도 했습니다. 이 두 마리 말은 서로 도와 가며 일을 했기 때문에 다루기가 아주 쉬웠습니다.

그런데 버드와 낸스의 경우는 달랐습니다. 그들은 철저하게 따로따로 움직였으며, 함께 끌려고 하지 않았습니다. 그들은 서로를 괴롭히고 힘들게 하려는 경쟁이라도 하는 듯했습니다. 그들은 몰리와 베스보다도 젊고 힘이 있고 원기가 왕성했지만, 베스와 몰리 팀만큼 일을 해내지 못했습니다. 그들의 문제는 한 팀이 되어 효과적으로 일하는 법을 전혀 익히지 않은 데 있습니다.

이렇게 옥수수 밭을 가꾸며 몇 해 여름을 보내면서 나는 우리 학교 농구팀이 왜 한 번도 좋은 성적을 내지 못했는지를 점점 분명하게 파악할 수 있게 되었습니다. 개인적으로 살펴보면, 우리 모두는 한결같이 꽤나 훌륭한 선수들이었습니다. 우리 팀의 센

터로 말하면 장신에다 개인기도 좋았고, 포워드를 맡은 몇 친구는 민첩하였으며, 가드 두 명은 꽤나 듬직했던 것입니다. 그러나 그 이상이 되지는 못했습니다. 우리는 몇몇 경기는 이기기도 했지만 군 지역 내 토너먼트 경기에 나가면 1차전 아니면 2차전에서 대개 패하고 말았습니다. 우리의 문제는? 우리는 제각기 슈퍼스타가 되려고 했습니다. 우리에게는 경기를 이기는 것보다는 자신이 스포트라이트를 받는 것이 더 중요하게 생각되었습니다. 당연히 우리는 멋진 슛을 하기도 하고, 기묘한 패스를 하기도 하면서, 결국은 개인기를 과시하기 위한 경기를 치르게 되었습니다. 감독은 우리가 본연의 위치를 지키게 하려고 애썼지만, 우리는 여전히 팀의 전적을 위해서보다는 각자 남의 이목을 끌기 위한 경기를 했습니다. 우리도 사실 경기를 이기길 원했지만, 우리 자신이 승리에 최대의 적이 되었습니다. 즉 우리는 각자의 유별난 행동을 앞세우다가 팀으로 움직이는 것을 거부함으로써 패배를 자초했던 것입니다. 게다가 이제야 알게 된 것이지만 우리 팀의 감독은 자신이 우리의 지도자가 되지 않고 우리 각자가 팀을 이끌어 가도록 내버려 두었습니다.

나는 고등학교를 졸업하고 해병대에 입대하게 되었는데, 이것을 황금의 기회라고 생각했습니다. 나는 고등학교 때 학교에서 내내 가장 야윈 친구로 통했는데 힘깨나 쓰는 애들에게 가장 만만한 상대였습니다. 나 자신을 방어할 힘이 없었으므로 싸움을 걸어 오는 친구들을 보면 재빨리 달아났습니다. 나는 해병대 하면 아주 거친 부대로 알고 있었기 때문에 입대가 허용되었을 때는 우쭐대기까지 했습니다. 해병대가 나를 굳센 사나이로 만들어 줄 줄로 알고 있었고 스스로에게 '네일스(못, 손발톱)'라는 별명까지 붙였습니다. 네일스 아임스, 그것 참 걸맞은 별명이라 생각되었습니다. 내가 시내 중심가를 활보할 때면 사람들이 나를 빤히 쳐다보는 듯했습니다. 그리고 "야, 저기 네일스가 온다!" 하고 서로 나직이 수군대는 소리가 들리는 것만 같았습니다. 그래서 나는 해병대에 입대했고 그들이 나를 미국산 타잔으로 만들어 주리라 기대하고 있었습니다.

그러나 사실은 정반대였습니다. 얼마 안 되어 나는 해병대가 2차 세계 대전을 종식시키는 데만 골몰해 있다는 것을 알게 되었습니다. 나 자신을 위한 웅대하고도 영광스런 계획은 그들의 안중에도 없었습니다. 그들은 적군을 무찌르기 위해 전장에 나와 있었기 때문에 그건 너무나도 당연했습니다. 나는 수륙 양용 전차 부대에 소속된 기관총수로서 정신을 바짝 차려야 했습니다.

우리 승무원 각자는 자기 임무가 무엇인지 잘 알았습니다. 나의 임무는 무전기와 기관총을 다루는 일이었습니다. 조종수도 그의 임무를 알았고, 탄약수, 포수, 그리고 전차장도 마찬가지였습니다. 우리는 혼자서만 움직이는 법이 없이 하나 된 팀으로 움직였습니다. 우리 생명은 서로에게 달려 있었고 각자는 자신의 맡은 임무를 수행해야 했습니다. 그런데 나는 우람한 근육의 거인이 된 것은 아니었고, 아무도 나를 네일스라고 불러 주지도 않았습니다. 해병대에서 내 별명은 '치크(병아리)'였습니다. 나는 여전히 그 무리 중 가장 덩치가 작았지만 탱크팀의 일원으로서 그것은 별 문제가 되지 않았습니다. 나는 내 옆의 친구와 똑같이 중요한 존재였습니다. 우리는 서로가 필요했고 또한 서로 의지했기 때문입니다.

성경은 이 원리를 간결하고 명쾌하게 기술했습니다.

> 두 사람이 한 사람보다 나음은 저희가 수고함으로 좋은 상을 얻을 것임이라. 혹시 저희가 넘어지면 하나가 그 동무를 붙들어 일으키려니와, 홀로 있어 넘어지고 붙들어 일으킬 자가 없는 자에게는 화가 있으리라. (전도서 4:9-10)

만약 지도자가 자기와 동역하는 사람들이 이 진리를 배울 수 있도록 도와준다면, 그는 그 그룹과 하나님의 나라를 위해 크게 봉사하고 있는 셈이 됩니다. 각자 자기 길로 가며, 자기만의 일을 하는 사람들의 무리는 제대로 성취하는 일이 거의 없을 것입니다. 그러나 공동의 목표를 위해 하나로 뭉쳐 서로 돕고 서로 살피며, 서로를 위해 기도하고 사랑하는 사람들은 하나님께 쓰임받는 막강한 무리가 될 것입니다. 또 교제 가운데 상호 간의 우애가 있으며, 영적 전쟁과 그리스도의 일을 위해 더 큰 힘을 발휘할 수 있습니다. 홀로 있는 각 개인은 팀 가운데 있으면 겪지 않아도 될 여러 유혹에 부딪히게 됩니다.

성경은 이렇게 말씀합니다.

> 형제가 연합하여 동거함이 어찌 그리 선하고 아름다운고?… 거기서

(형제가 연합하여 있는 곳에서) 여호와께서 복을 명하셨나니 곧 영생이로다. (시편 133:1-3)

이것은 내가 몇 년을 두고 관찰해 온 바입니다. 온 마음과 뜻을 합하여 연합된 사람들은 삶과 사역에서 하나님의 축복을 받습니다. 이러한 연합은 하나님의 축복의 문을 열고 그 능력의 창고를 열어 주는 확실한 열쇠입니다. 이것이 없으면 그룹은 혼란에 빠지고 사람들의 사기는 떨어지며 그들이 가졌던 동기력은 사라져 버립니다.

나는 이 연합이야말로 사도 바울이 기도했던 중요한 몇 가지 간구 제목 중 하나였다고 확신합니다.

이제 인내와 안위의 하나님이 너희로 그리스도 예수를 본받아 서로 뜻이 같게 하여 주사, 한마음과 한입으로 하나님 곧 우리 주 예수 그리스도의 아버지께 영광을 돌리게 하려 하노라. (로마서 15:5-6)

바울은 여기서 연합의 숭고한 목적을 보여 주었습니다. 그 목적이란 곧 하나님의 영광입니다. 파벌, 다툼, 부조화, 불평불만이 주님께 영광이 되지 못한다는 사실은 명백합니다. 한마음 한뜻으로 연합하는 것이야말로 하나님께 영광이 됩니다. 그리스도인의 연합된 모임은 그리스도의 사랑과 평강으로 충만하게 됩니다. 바울은 빌립보 성도들에게 이렇게 상기시켰습니다.

오직 너희는 그리스도 복음에 합당하게 생활하라. 이는 내가 너희를 가 보나 떠나 있으나, 너희가 일심으로 서서 한뜻으로 복음의 신앙을 위하여 협력하는 것…을 듣고자 함이라. (빌립보서 1:27-28)

잠언에서는 그룹 내에서 한뜻을 이루게 하고 연합을 도모하는 데 영향을 주는 몇 가지를 제시합니다. 연합을 해치는 네 가지 요인과 연합을 도모하는 세 가지 요소를 살펴보겠습니다.

연합을 파괴하는 요인

1. 비방
잠언에서는 이렇게 말씀합니다.

미워함을 감추는 자는 거짓의 입술을 가진 자요, 참소하는 자는 미련한 자니라. (잠언 10:18)

효과적으로 그리스도를 섬기고 있는 사람의 사역을 강력하게 해치는 지름길은 그에 대해 사람들이 가지고 있는 신뢰감을 떨어뜨리는 말을 하는 것입니다. 이것은 그를 비웃는다든지 또는 좀 불확실한 느낌을 마치 사실인 양 말함으로써 그 사람에 대해 부정적인 인상을 심어 주는 것을 의미합니다.
오래전 이야기인데, 내 친구 중 몇 명은 장차 선교사로 나갈 계획을 가지고 있었습니다. 그중에 한 부부가 있었는데, 언젠가 그들은 선교사 부부를 저녁 식사에 초대한 자리에서 부부간에 의견 불일치가 약간 있었습니다. 몇 달 후 그 선교사는 마침 선교사 선정 위원이 된 자기 친구에게 이때 있었던 일을 이야기하게 되었습니다. 3년 후 그 부부는 해외 선교사로 주님을 섬기길 원한다고 위원회에 신청했습니다. 위원회가 열려 그 부부의 해외 파송 가능성을 심의하는 자리에서, 먼젓번 그 위원이 "나는 그들이 서로 원만하게 지내지 못한다고 들었습니다" 하고 말했습니다. 다행히도 하나님께서는 위원회 내에 그들 부부를 잘 아는 한 사람을 예비해 두셔서 그것은 사실이 아님을 명확히 해명하게 해 주셨습니다. 사실 그들 부부는 관계가 매우 원만했던 것입니다. 그 부부를 잘 알지 못하는 한 사람의 부정확한 정보로 말미암아, 하마터면 부부가 해외 선교사로 나가는 길이 막힐 뻔 했습니다.

2. 분노
잠언에서는 이렇게 말씀합니다.

노하는 자는 다툼을 일으키고, 분하여 하는 자는 범죄함이 많으니라.
(잠언 29:22)

노를 품는 자와 사귀지 말며 울분한 자와 동행하지 말지니, 그 행위를 본받아서 네 영혼을 올무에 빠칠까 두려움이니라. (잠언 22:24-25)

분노는 순식간에 전염되는 감정이며, 그룹을 파멸시키는 결과를 불러올 수도 있습니다.

3. 교만
잠언에서는 이렇게 말씀합니다.

교만에서는 다툼만 일어날 뿐이라. 권면을 듣는 자는 지혜가 있느니라. (잠언 13:10)

교만은 두드러지고자 하는 자에게 다툼의 불을 질러 놓습니다. 교만의 가장 큰 문제점은 그것이 쉽사리 꺾이지 않는다는 점입니다. 교만은 억센 적이며, 떨쳐 내 버리기가 힘듭니다. 우리가 하나님을 영화롭게 하고 하나님의 나라를 확장하는 일을 위해 서로 연합하여 일하기 위해서는 이 적을 처치해야 합니다.

교만은 패망의 선봉이요, 거만한 마음은 넘어짐의 앞잡이니라. 겸손한 자와 함께하여 마음을 낮추는 것이 교만한 자와 함께하여 탈취물을 나누는 것보다 나으니라. (잠언 16:18-19)

나는 그리스도인이 된 직후 아주 멋있는 목소리를 가지고 있고 자신도 그 사실을 잘 아는 한 젊은 가수를 만났습니다. 많은 팬들은 머지않아 그가 뭔가를 이루어 내리라 기대했습니다. 그는 참으로 그렇게 되었는데, 유감스럽지만 밑바닥으로 곤두박질하였습니다. 그는 몇 년 동안 수많은 군중들의 환호와 듣기 좋은 말에 푹 빠져, 연습 일정을 빼먹기 일쑤였고 결과적으로 그의 목소리는 윤기를 잃어버렸습니다. 다시 재기의 발버둥을 쳤지만 소용없었습니다. 나는 그가 지금 어디 있는지도 모릅니다.

4. 시기
잠언에서는 이렇게 말씀합니다.

분은 잔인하고 노는 창수 같거니와, 투기 앞에야 누가 서리요? (잠언 27:4)

시기심이란 참 이상한 것입니다. 그것은 모든 옳은 일로 말미암아 생겨납니다. 다른 사람의 거룩한 삶, 성공적인 사역, 좋은 가정, 예절 바른 자녀들 등, 모든 것이 우리 마음 가운데 시기심의 불길을 부채질할 수 있습니다.

그리스도께서 십자가에 못 박히기 직전에 빌라도는 백성들에게 이렇게 물었었습니다.

너희는 내가 누구를 너희에게 놓아주기를 원하느냐? 바라바냐? 그리스도라 하는 예수냐? (마태복음 27:17)

그리스도의 완전한 삶에 사람들은 잔악한 시기심을 품게 되었고 결국 그분을 죽음으로까지 몰아갔습니다. 한 그룹 안에서,

시기심은 온갖 형태의 문제로 발전될 수 있습니다.

지도자는 이런 파괴 요인에 대해 항상 경계를 늦추지 말아야 하며, 이런 요인이 지도자 자신은 물론 그와 함께 일하는 사람들이나 그들의 사명을 해치기 전에 이를 격퇴해 버려야 합니다.

연합을 도모하는 요소

1. 사랑

잠언에서는 이렇게 말씀합니다.

> 미움은 다툼을 일으켜도, 사랑은 모든 허물을 가리우느니라. (잠언 10:12)

미움은 자동차 흙받기에 스는 녹과 같습니다. 녹은 계속 속으로 침식해 들어가지만 이미 때가 늦은 다음에야 발견되곤 합니다. 최근 길 건너 이웃집에 불이 났습니다. 다행히 큰 불이 아니어서 이내 불을 끌 수 있었고, 가족들은 안심하고 잠자리에 들었습니다. 그런데 벽 사이에 튀었던 불똥에서 연기가 피어오르며 밤 동안 다시 불이 붙어 엄청난 피해를 보았던 것입니다. 미움이 하는 짓이 바로 이와 같습니다.

이와 대조적으로, 사랑은 직접 대면하였을 때도 올바르고 여러 사람 앞에서도 여전히 올바릅니다. 사랑은 주위 사람을 감싸 주며 무언가를 들추어내려고 하지 않습니다. 사랑은 화를 내지 않으며 사람들의 허물에 대해 눈감아 줍니다. 사랑은 용서하고 잊어버리고자 애씁니다. 사랑은 창의적이며 창조적이고 또한 풍부한 상상력으로 어떤 사태에서든 최선의 길을 찾고자 합니다. 사랑은 궁극적인 힘이며 결코 다함이 없습니다.

어떤 사람이 한 선교사에게 아프리카에서 하는 선교에 대하여 불평하고 있었습니다. "당신 자신의 나라에도 그렇게 불의가 많은데 어떻게 아프리카에 가서 그들에게 사랑에 관하여 설교할 수 있겠소?"

그 선교사의 대답은 과연 명언이었습니다. "우리는 들어가서 그들에게 사랑에 관하여 설교하지 않습니다. 우리는 들어가 그들을 사랑합니다."

2. 혀의 절제

잠언에서는 이렇게 말씀합니다.

> 두루 다니며 한담하는 자는 남의 비밀을 누설하나, 마음이 신실한 자는 그런 것을 숨기느니라. (잠언 11:13)

하나님의 계명 중 하나는, "너는 네 백성 중으로 돌아다니며 사람을 논단하지 말며"라는 것이었습니다(레위기 19:16). 만약 당신이 그룹 내의 한 사람에 관하여, 전체적으로 알려지면 어떤 식으로든 그에게 이롭지 못한 어떤 일을 알고 있다면, 당신은 그 사실을 자신만 알고 있도록 해야 합니다.

그리스도인이 된 지 얼마 되지 않았던 즈음에 나는 시애틀에 사는 젭슨 가족의 삶을 통하여 큰 도전을 받은 적이 있습니다. 이 놀라운 그리스도인 가정에는 한 가지 규칙이 있었습니다. 곧 다른 사람에 관하여는 좋은 면, 즉 긍정적이고 건설적인 면이 아니면 결코 아무 말도 입 밖에 내지 않는다는 것이었습니다.

당신의 마음을 자물쇠로 채워 지하 저장실로 만들고, 다른 사람에게 해를 끼치는 것이라면 무엇이건 그 안에 깊숙이 넣고 잠가 아예 빛을 보지 못하게 하십시오.

> 불량한 자는 악을 꾀하나니 그 입술에는 맹렬한 불 같은 것이 있느니라. 패려한 자는 다툼을 일으키고 말쟁이는 친한 벗을 이간하느니라. (잠언 16:27-28)

야고보서에서 다음 말씀을 기록할 때도 이것을 염두에 두었던 것이 분명합니다.

> 이와 같이 혀도 작은 지체로되 큰 것을 자랑하도다. 보라, 어떻게 작은 불이 얼마나 많은 나무를 태우는가? 혀는 곧 불이요, 불의의 세계라. 혀는 우리 지체 중에서 온몸을 더럽히고 생의 바퀴를 불사르나니, 그 사르는 것이 지옥 불에서 나느니라. (야고보서 3:5-6)

얼마 전에 차를 타고 가다가 쓰레기 수거차 한 대가 서 있는 것을 보았는데 차 뒤에 이런 글귀가 적혀 있었습니다. "만족 보장 - 그렇지 않으면 쓰레기를 도로 돌려 드림!" 절로 웃음이 나오며 곧 잠언 17:9 말씀이 생각났습니다.

허물을 덮어 주는 자는 사랑을 구하는 자요, 그것을 거듭 말하는 자는 친한 벗을 이간하는 자니라.

진실한 친구는 허물을 자기만 알고 덮어 둡니다. 즉 쓰레기를 흩지 않고 모으듯이 다른 사람의 허물을 퍼뜨리지 않고 자기 속에만 가두어 둔다는 말입니다. 나는 내가 버린 쓰레기가 되돌아오는 것을 원치 않으며, 또한 그것이 내 이웃에 여기저기 흩어지는 것도 원치 않습니다. 훈련된 혀는 팀 내의 조화를 유지하며 먼 길을 가게 합니다. 우리는 모두 다윗처럼 기도해야 할 것입니다.

여호와여, 내 입 앞에 파수꾼을 세우시고 내 입술의 문을 지키소서.
(시편 141:3)

3. 온유
잠언에서는 이렇게 말씀합니다.

온량한 혀는 곧 생명나무라도 패려한 혀는 마음을 상하게 하느니라.
(잠언 15:4)

이 잠언 말씀은 한 단계 더 발전된 언어의 질에 대하여 말하고 있습니다. 여기서 사람의 혀는 단지 해를 끼치지 않는 데 그치지 아니하고 온랑하고 긍정적이며 마음을 소성케 하는 능력이 있음을 보여 줍니다. 이런 사람의 말에는 축복의 향기가 있습니다.

> 혹은 칼로 찌름같이 함부로 말하거니와, 지혜로운 자의 혀는 양약 같으니라. (잠언 12:18)

이런 사람은 불화의 공기로 인해 거칠어진 파도를 평온하게 해 줍니다. 가시 돋친 말이 불평불만의 뜰에 만연할 때, 그는 기쁨과 평화의 낙원을 창조해 냅니다. 스스로 움츠러들어 자기 동료에게 칼을 겨누기를 일삼는 사람은 불친절, 악의, 실없는 농담 따위의 칼로 다른 사람을 상하게 합니다. 온유함은 지혜로운 사람의 표입니다.

이것은 또한 경건한 사람의 표이기도 합니다. 이사야는 오실 메시야에 관한 예언의 말씀을 이렇게 기록했습니다. "주 여호와께서 학자의 혀를 내게 주사 나로 곤핍한 자를 말로 어떻게 도와 줄 줄을 알게 하시고, 아침마다 깨우치시되 나의 귀를 깨우치사 학자같이 알아듣게 하시도다"(이사야 50:4). 온유함이 우리의 언어생활을 다스리는 법이 되어야 합니다.

> 입을 열어 지혜를 베풀며 그 혀로 인애의 법을 말하며. (잠언 31:26)

지도자의 책무

잠언에서는 지도자가 져야 할 네 가지 책무를 제시합니다. 이는 조화와 연합을 유지하는 데 직접 도움을 줄 뿐 아니라, 사람들에게 목표를 향하게 하고 맡은 직무를 성취하도록 동기를 부여하는 데 꼭 필요한 요소입니다.

1. 근면과 성실

잠언에서는 이렇게 말씀합니다.

> 의인의 입술은 여러 사람을 교육하나 미련한 자는 지식이 없으므로 죽느니라. (잠언 10:21)

만약 지도자가 성실하게 자기 사람들을 영적으로 먹이고, 배우도록 도와주며, 그들이 하는 일을 돕고, 말씀을 가르치는 데 부지런하다면, 그는 곧 조화와 평화의 기초를 닦고 있는 셈입니다. 그리하면 사람들은 자신들이 진정한 의미에서 '부요'하게 되고 있음을 알게 될 것입니다. 바울은 "가난한 자 같으나 많은 사람을 부요하게" 하는 삶에 대해 말했습니다(고린도후서 6:10). 지도자가 그의 마음에 풍성히 거하는 말씀(골로새서 3:16)의 보고로부터 진리를 끌어 낼 때 사람들은 믿음의 말씀 안에서 영양을 공급받게 될 것입니다. 그리하여 그와 그의 사람들은 말라기에 기록된 바와 같은 참된 지도력을 경험하게 될 것입니다.

그 입에는 진리의 법이 있었고, 그 입술에는 불의함이 없었으며, 그가 화평과 정직한 중에서 나와 동행하며, 많은 사람을 돌이켜 죄악에서 떠나게 하였느니라. 대저 제사장의 입술은 지식을 지켜야 하겠고, 사람들이 그 입에서 율법을 구하게 되어야 할 것이니, 제사장은 만군의 여호와의 사자가 됨이어늘. (말라기 2:6-7)

2. 자제력
잠언에서는 이렇게 말씀합니다.

유순한 대답은 분노를 쉬게 하여도 과격한 말은 노를 격동하느니라. (잠언 15:1)

지도자는 의견의 불일치나 혼란 가운데서도 냉정을 잃지 말아야 합니다. 격앙된 말이나 말투가 오갈 때 지도자도 덩달아 그런 식으로 반응하면 다툼과 불화의 불길에 기름을 붓는 결과밖에 되지 않습니다. 지도자가 자신을 정당화하거나, 다른 사람을 자기 입장에서만 판단하고 자신의 주장을 고집하고자 하는 유혹에 굴복하게 되면, 그는 평화를 위한 전투에서 패배한 것입니다.

자제력은 화평을 가져다줍니다. 자제력을 발휘하는 사람은 두 개의 전투 즉 자신에 대한 싸움과 다른 사람에 대한 싸움에서 승리합니다. 화평케 하는 자는 로마서 12:19 말씀을 적용합니다.

내 사랑하는 자들아, 너희가 친히 원수를 갚지 말고 진노하심에 맡기

라. 기록되었으되, 원수 갚는 것이 내게 있으니 내가 갚으리라고 주께서 말씀하시니라.

지도자의 혀는 훈련되어야 하며 하나님께 드려져야 합니다. "노하기를 더디 하는 것이 사람의 슬기요, 허물을 용서하는 것이 자기의 영광이니라"(잠언 19:11).

3. 밝은 분위기
잠언에서는 이렇게 말씀합니다.

마음의 즐거움은 양약이라도 심령의 근심은 뼈로 마르게 하느니라.
(잠언 17:22)

히브리서 1:9 내용도 내게는 항상 경이롭습니다. "네가 의를 사랑하고 불법을 미워하였으니, 그러므로 하나님 곧 너의 하나님이 즐거움의 기름을 네게 부어 네 동류들보다 승하게 하셨도다." 주님께서는 비록 온갖 슬픔을 당하시며 고통을 많이 겪으셨지만(이사야 53:3-4 참조), 또한 주위의 어떤 사람보다도 많은 기쁨을 나타내 보여 주셨습니다.

최근에 상당히 큰 규모의 크리스천 지도자 회의에 참석한 적이 있었습니다. 나는 그때 하나님의 축복으로 충만한 한 사람이 금방 눈에 띄었던 기억이 납니다. 나는 그가 으레 그런 것으로 알고 있는데, 이는 그의 생활 방식이었기 때문입니다. 그는 심지어 시련 중에서도 기뻐하였습니다. 하나님께서는 그의 즐거워하는 마음을 사용하셔서 나를 감화시키시고 동기를 불어넣어 주셨습니다. 나는 또한 거기 있는 동안 다른 한 사람은 애써 피해 다녔던 기억도 납니다. 그 사람은 침울하고 비관적인 분위기를 자아내는 사람으로 알려져 있습니다. 매번 그를 만날 때마다, 그는 까다롭게 불평하는 기질을 드러내곤 했습니다. 너무나 선명하게 대조가 되었습니다.

4. 친밀감

잠언에서는 이렇게 말씀합니다.

친구는 사랑이 끊이지 아니하고 형제는 위급한 때까지 위하여 났느니라. 많은 친구를 얻는 자는 해를 당하게 되거니와 어떤 친구는 형제보다 친밀하니라. (잠언 17:17, 18:24)

훌륭한 지도자는 그룹 내에 있는 사람들에게 친근합니다. 나는 경영학 서적과 군사 교범을 몇 권 읽어 보았는데 이런 식으로 경고하고 있었습니다. "당신 부하에게 너무 가까이하지 마라." 물론 이것은 얼토당토않은 말입니다.

예수님께서는 우리를 '친구'라고 하셨습니다. 요한복음 15장에서 이렇게 말씀하셨습니다.

이제부터는 너희를 종이라 하지 아니하리니, 종은 주인의 하는 것을 알지 못함이라. 너희를 친구라 하였노니, 내가 내 아버지께 들은 것을 다 너희에게 알게 하였음이니라. (요한복음 15:15)

예수님께서는 우리에게 얼마나 가깝습니까? 형제보다도 가깝습니다! 주님께서는 우리 안에 거하십니다!

따로 떨어져 있는 지도자는 그룹 내에 찬바람을 불어넣게 됩니다. 하지만 친밀한 가운데 함께하는 지도자는 따뜻한 분위기를 불러일으킵니다. 사랑스럽지 못한 사람을 사랑하고, 불친절한 자를 친구 삼고, 침체에 빠진 사람을 북돋우고, 함께하며 섬기는 사람들을 적극 칭찬해 주는 지도자는 그 노력의 대가를 틀림없이 받게 됩니다. 이런 노력 가운데 지도자는 하나의 팀을 세우게 되고, 그 팀은 충천한 사기와 동기력으로 하나님 나라의 확장을 위해서 하나님의 성령께 크게 쓰임받게 될 것입니다.

서로 필요함

연합된 팀의 가치는 아무리 강조해도 부족합니다. 모두가 힘을 합치면 따로 된 몇 명보다 훨씬 낫습니다. 모두가 힘을 합치면 개별적인 무리보다 더 많은 일을 더 훌륭하게 해낼 수 있습니다. 내 친구 중에 특이한 대학원에서 강의하고 있는 사람이 하나 있는데, 이 학교의 수업 목적은 학생들에게 연합된 팀워크의 가치를 보여 주는 것입니다. 여기서는 수많은 문젯거리를 학생들에게 부과하여 해결해 내도록 합니다. 먼저 각 학생들에게 과제를 주어 개인적으로 해결하게 합니다. 일정 시간이 지난 다음에 각 사람은 문제를 함께 토의하기 위해, 즉 서로 의견을 나누며 문제를 함께 해결하기 위해 한 팀으로 편성됩니다. 예외 없이, 팀으로 과제를 해결하고자 노력했을 때 그들은 각자 개별적으로 노력했을 때보다 더 훌륭한 해결책을 찾아냈습니다.

하나님께서는 우리를 한 몸 곧 그리스도의 몸 안에 두셨습니다. 이는 우리들에게 상호 의존의 중요성을 보여 주시기 위한 것입니다.

이제 지체는 많으나 몸은 하나라. 눈이 손더러 내가 너를 쓸데없다 하거나, 또한 머리가 발더러 내가 너를 쓸데없다 하거나 하지 못하리라. 몸 가운데서 분쟁이 없고 오직 여러 지체가 서로 같이하여 돌아보게 하셨으니, 만일 한 지체가 고통을 받으면, 모든 지체도 함께 고통을 받고, 한 지체가 영광을 얻으면 모든 지체도 함께 즐거워하나니, 너희는 그리스도의 몸이요 지체의 각 부분이라. (고린도전서 12:20-21,25-27)

12
일하는 지도자

일꾼으로서의 지도자
무장자로서의 일꾼
인내
보상

솔로몬은 다재다능한 사람이었습니다. 건축가였고, 지도자였으며, 경영자, 목표 설정자, 그리고 의사 결정자이기도 했으며, 그 밖에 많은 것을 겸비한 사람이었습니다. 그는 지혜로웠습니다. 또한 많은 사람들에게 사기를 북돋우며 동기를 불어넣어 줄 자질을 구비한 대표적인 인물이었습니다. 그는 엄청난 부를 축적했고 거대한 왕국을 통치했습니다.

그러나 무엇보다도 그는 가르치는 자였습니다.

전도자가 지혜로움으로 여전히 백성에게 지식을 가르쳤고 또 묵상하고 궁구하여 잠언을 많이 지었으며, 전도자가 힘써 아름다운 말을 구하였나니 기록한 것은 정직하여 진리의 말씀이니라. 지혜자의 말씀은 찌르는 채찍 같고 회중의 스승의 말씀은 잘 박힌 못 같으니 다 한 목자의 주신 바니라. (전도서 12:9-11)

그러나 솔로몬의 삶을 돌이켜 보면 한 가지 섬뜩한 사실에 놀라지 않을 수 없습니다. 그가 소유했던 모든 것이 그 후에 사라져 버렸습니다. 그의 막강한 선단, 거대한 목장, 찬란한 성전, 엄청난 재산, 아름다운 왕궁, 그리고 그의 왕국도 모두 없어져 버렸습니다. 그러나 그가 가르쳤던 내용만은 여전히 남아 있습니다.

현명한 지도자라면 이 사실로부터 위대한 교훈을 얻을 것입니다. 지도자가 할 수 있는 일이란 많습니다. 하지만 그 대부분은 오늘이 지나가면 썩고 사라져 버릴 것들입니다. 그러나 그가 가르친 것과 다른 사람들의 삶 속에 세워 준 것은 계속해서 남아 있게 될 것입니다. 특히 그의 비전이 눈앞에 보이는 한계를 뛰어넘을 만큼 강력한 것이라면 더욱 그렇습니다. 또한 그가 현재 가르치고 있는 사람들이 또 다른 사람들을 가르치는 자가 되도록 가르쳐야 한다는 사실을 이해하고 있다면 그것은 더더욱 확실합니다. 이 '또 다른 사람들'은 다시 그 과정을 반복할 것이기 때문입니다.

이는 곧 사도 바울의 비전이기도 했습니다. 그는 자기 비전을 이렇게 요약했습니다.

> 또 네가 많은 증인 앞에서 내게 들은 바를 충성된 사람들에게 부탁하라. 저희가 또 다른 사람들을 가르칠 수 있으리라. (디모데후서 2:2)

이 구절에서 바울은 그의 목적을 설명했습니다. 그는 하나님께서 그에게 맡겨 주신 사역을 수행할 일꾼들을 무장하는 일에 헌신되어 있었습니다. 그가 받은 사역이란 잃어버린 자를 찾아 복음 전하는 일과 구원받은 자를 확립하는 일, 이어서 그들을 영적 추수에 합당한 질적인 일꾼들로 무장하는 일, 그리고 마지막으로 그가 무대에서 떠날 때 이러한 전체적인 일련의 사역을 이어받아 계속 수행해 나갈 유능한 지도자들을 훈련하는 일이었습니다.

지금까지 여러 장에 걸쳐서 그리스도인 지도자가 해야 하는 많은 내용에 대해 논의해 왔습니다. 하지만 막상 이 모든 일을 하는 목적은 무엇입니까? 탁월한 지도자에게 있어야 할 이런저런 특성 및 목표는 그 자체가 목적이 아닙니다. 그것은 모두 임무를 수행하는 도구입니다. 이 장에서는 그리스도인 지도자의 목적, 즉 곡식이 무르익어 떨어지기 직전인 광대한 추수터에서 일할 일꾼들을 배가하는 일에 대하여 소개하고자 합니다.

사람들이 그리스도께로 인도되지 않는 한, 믿음 안에서 확립시켜 줄 대상은 없습니다. 그렇지만 지도자가 자기 사역을 주로 잃어버린 영혼들에게 복음 전하는 일에만 국한한다면, 그는 결국 한 사람 몫 이상의 일을 해낼 수 없습니다. 하지만 자신의 사역을 일꾼을 배가하는 일에 두는 지도자는 한 무리의 유능하고 잘 훈련되고 동기력이 강한 일꾼들이 어떤 위대한 일을 성취할 수 있는지를 알게 될 것입니다.

일꾼으로서의 지도자

그렇다면 지도자는 잃어버린 영혼에게 복음을 전하거나 구원받은 자를 확립하는 일은 하지 말아야 한다는 뜻입니까? 물론 그렇지 않습니다. 지도자 자신도 추수하는 일꾼입니다. 이것은 결코 잊어서는 안 될 사실입니다. 지도자가 추수터에서 몸소 일하는 것을 그만두면, 그는 다른 사람을 가르치는 방법 중 아주 중요한 한 가지, 즉 본을 보이는 일을 잃게 될 것입니다. 그러므로 지도자는 평생에 걸친 일꾼이라는 사실을 분명히 알아야 합니다.

성경에서 일꾼이라고 지칭할 때 그것은 어떤 의미입니까? 이 질문에 대한 해답으로 예수님의 말씀을 통하여 그 의미를 부분적으로 살펴볼 수 있습니다.

> 무리를 보시고 민망히 여기시니 이는 저희가 목자 없는 양과 같이 고생하며 유리함이라. 이에 제자들에게 이르시되, "추수할 것은 많되 일꾼은 적으니, 그러므로 추수하는 주인에게 청하여 추수할 일꾼들을 보내어 주소서 하라" 하시니라. (마태복음 9:36-38)

일꾼은 추수하는 일과 직접 관련된 사람입니다. 교회의 경우만 해도 여러 일을 담당하는 많은 종류의 일꾼이 있는 것을 우리는 알고 있습니다. 그러나 여기서 우리는 우리의 목적을 위해서 한 종류, 즉 추수하는 일꾼에만 관심을 집중하여 살펴보고자 합니다.

예수님께서 사용하신 일꾼이라는 단어는 '들판에서 일하는 농부'라는 뜻을 가지고 있습니다. 이 진리가 어떤 지도자들에게는 납득이 잘되질 않습니다. 그들은 자신을 이런 의미와는 반대되는 쪽에 있는 사람으로 여깁니다. 즉 뙤약볕에 들판에 나가 여러 궂은일을 하기보다는 에어컨이 있는 사무실의 커다란 책상 앞에 앉아 다른 일꾼들에게 지시 사항이나 일러 주는 자신들의 모습을 연상하는 것입니다. 성경에는 이런 종류의 지도자가 들어설 자리가 없습니다. 파송된 70인도 일꾼이었고, 사도들도 역시 일꾼이었습니다. 예수님 자신도 일꾼이셨습니다.

> 때가 아직 낮이매 나를 보내신 이의 일을 우리가 하여야 하리라. 밤이 오리니 그때는 아무도 일할 수 없느니라. (요한복음 9:4)

바울은 디모데에게 이렇게 말했습니다. "네가 진리의 말씀을 옳게 분변하며, 부끄러울 것이 없는 일꾼으로 인정된 자로 자신을 하나님 앞에 드리기를 힘쓰라"(디모데후서 2:15).

주님께서는 자신의 팀을 무르익은 광대한 추수터로 이끄셨습니다. "예수께서 열두 제자에게 명하시기를 마치시고, 이에 저희 여러 동네에서 가르치시며 전도하시려고 거기를 떠나가시니라"(마태복음 11:1).

바울도 그와 같이 했습니다. "바울이 자기의 규례대로 저희에게로 들어가서… 성경을 가지고 강론하며 뜻을 풀어 그리스도가 해를 받고 죽은 자 가운데서 다시 살아야 할 것을 증명하고 이르되 '내가 너희에게 전하는 이 예수가 곧 그리스도라' 하니"(사도행전 17:2-3).

지도자가 예수님의 본과 주님께서 택하여 훈련하신 제자들의 본을 따르고자 한다면 우선 일을 해야 하고 또 다른 사람들을 훈련하여 그들도 같은 일을 하게 해야 합니다. 우리는 하나님과 함께 일하는 일꾼입니다(고린도전서 3:9). 바울은 성도들에게 그들의 믿음의 역사와 사랑의 수고를 격려합니다(데살로니가전서

1:3). 에바브로디도를 자기 형제요 함께 수고하는 일꾼이라 불렀습니다(빌립보서 2:25). 또한 "너희 가운데서 수고하고 주 안에서 너희를 다스리며 권하는 자들을 너희가 알고… 귀히 여기며"라고 권고했습니다(데살로니가전서 5:12-13). 그는 장로들을 '말씀과 가르침에 수고하는 이들'이라 불렀습니다(디모데전서 5:17). 그는 에바브라를 일컬어 '항상 너희를 위하여 애써 기도하여… 너희를… 위하여 많이 수고하는 사람'이라고 했습니다(골로새서 4:12-13). 이와 같이 우리는 일꾼으로 부르심을 받았습니다.

우리는 이 모든 것을 통하여 결국 증거의 삶, 제자삼는 사역, 일꾼의 훈련, 지도력의 발휘, 가르치는 일, 그리고 기도 등 모든 것이 일이라는 사실을 알게 됩니다. 이 모든 것은 풍성한 추수와 직접 연관되어 있습니다.

무장자로서의 일꾼

지도자가 일꾼이라는 사실에는 처음부터 마지막까지 조금도 변함이 없습니다. 그러나 지도자는 또한 일꾼 그 이상입니다. 왜냐하면 그는 또한 다른 사람들을 일할 수 있도록 훈련하는 일을 하는 일꾼이기 때문입니다. 그는 잃어버린 영혼을 구하고 구원받은 자를 세워 주는 법을 알고 있을 뿐만 아니라, 또한 다른 사람들이 그와 같은 일을 하도록 '무장'해 주는 법도 알고 있습니다. 그러므로 우리는 그러한 지도자를 무장자라 부릅니다.

무장자는 제자를 도와 일꾼이 되게 하는 사람입니다. 바울은 에베소서 4:11-12에서, 하나님께서 '혹은 사도로, 혹은 선지자로, 혹은 복음 전하는 자로, 혹은 목사와 교사'로 주셨는데, 이는 '성도를 온전케 하며, 봉사의 일을 하게 하며, 그리스도의 몸을 세우려 하심'이라고 했습니다.

여기에 '온전케 하며'라고 번역된 헬라어 '카타르티조'를 좀 더 살펴보면, 이 단어는 다른 사람을 잘 세워 줄 줄 아는 현명한 지도자, 능숙한 무장자, 다른 사람을 가르칠 지도자가 되고자 하는 사람에게, 매우 실제적인 도움이 됩니다. 이 단어는 많은 의미를 함축하고 있습니다. 학자들에 따르면 이 단어에는 "완전케 하다, 완성하다, 고치다, 수선하다, (그물 따위를) 깁다, 정돈하다, 알맞게 하다, 적합하게 하다, 준비하다, 무장시키다, 마련하다, (부족한 것을) 채우다, 보충하다, 회복케 하다, 바로잡다, (자격, 자질, 장비 따위를) 갖추다, 형성하다" 등 여러 뜻이 있습니다.

바울은 에베소 성도들에게 하나님께서 그들을 위해 몇 명의 지도자를 세워 주셔서 이들이 성도들을 도와 하나님 나라에서 성숙한 일꾼의 역할을 하도록 준비시키는 일을 맡기셨다고 일깨워 주었습니다.

지도자의 역할은 일꾼들이 성경 말씀을 능숙하게 사용하며 높은 동기력을 가지고 주위의 무르익은 넓은 추수터에서 오랫동안 열심히 일을 해야 하는 직분에 헌신하도록 돕는 것입니다.

베드로전서 5:10에서도 같은 단어가 사용되고 있습니다.

모든 은혜의 하나님, 곧 그리스도 안에서 너희를 부르사 자기의 영원한 영광에 들어가게 하신 이가, 잠깐 고난을 받은 너희를 친히 온전케 하시며 굳게 하시며 강하게 하시며 터를 견고케 하시리라.

여기서 '온전케 하시며'라고 번역되어 있는 이 말은 곧 '너희로 하여금 채비를 완전히 갖추게 하며', '너희를 완전무결하게 하며', '마땅히 갖출 바를 갖추게 하며'라는 뜻입니다.

단은 콜로라도스프링스에 사는 나의 친구인데 야생 동물을 전문적으로 그리는 아주 뛰어난 화가입니다. 수년 동안 그는 자기 재능을 로키 산맥에 서식하는 뿔이 큰 산양을 그리는 데에 쏟아부었습니다. 몇 년 전 그는 자신의 작품 범위를 넓혀 아프리카의 맹수도 그려야겠다고 마음먹었습니다. 이 일을 위한 준비로 카메라를 구입하고 아프리카 여행대에 가입했습니다. 베이스캠프에서 그들은 밀림 여행에 사용할 장비를 점검하고 떠날 채비를 하였습니다. 의약품, 구급용 장비, 식료품, 텐트, 소총, 탄약 등 여러 물품을 준비하였고 그리고 이런 물품을 운반할 일꾼도 몇 명 고용하였습니다. 베드로는 바로 이런 의미에서 '온전케 하며'라는 단어를 사용한 것입니다. 사람들이 아프리카 여행을 위하여 준비하듯이, 우리의 '믿음의 주요 또 온전케 하시는' 분이신(히브리서 12:2 참조) '모든 은혜의 하나님'께서는 자기의 영광을 위하여 우리의 삶에 필요한 것을 갖추어 주십니다.

그 단어는 다시 마가복음 1:19에서도 사용되었는데, 여기서는 '깁는데'로 번역되어 '고치다, 수선하다, 다음에 사용할 준비를 하다'라는 의미로 쓰였습니다. 야고보와 요한은 그들의 그물을 수선해 원래 상태로 회복시키고 있었습니다.

이러한 의미에서 지도자는 정비사로 비유됩니다. 자동차 수리가 필요한 경우, 어떤 때는 퓨즈를 간다든지 볼트를 좀 더 조인다든지 하는 소규모의 부분적인 정비만 해도 되지만, 어떤 때는 전체적으로 정밀 검사를 하고 수리하기도 해야 합니다. 자동차가 최적 상태에서 운행될 수 있도록 하려면, 정비사는 이 두 종류의 정비를 다 할 수 있어야 합니다. 마찬가지로 지도자는 상하고 어그러진 생명들이 완전한 상태로 다시 기능을 발휘할 수 있도록 크고 작은 규모를 막론하고 정비를 할 수 있는 긍휼과 기술을 갖추고 있어야 합니다.

바울은 데살로니가 성도들에게 이와 비슷한 생각을 표현했습니다.

주야로 심히 간구함은 너희 얼굴을 보고 너희 믿음의 부족함을 온전케 하려 함이라. (데살로니가전서 3:10)

여기서 쓰인 '온전케 하려'라는 말도 '믿음에 있는 틈새를 깁고, 부족한 것을 채운다'는 뜻입니다.

막내아들 녀석이 중학교에 다닐 때 한번은 크레용 한 통을 가지고 커다란 포스터를 그려야 했던 일이 있었습니다. 일정한 지시에 따라 그리도록 되어 있었는데, 사용하는 크레용도 수십 가지 색깔이었고 포스터도 그리기에 복잡한 것이었습니다. 어쨌든 그는 맡은 일에 착수하여 며칠 밤낮을 꼬박 그 일에 매달렸습니다. 빨간색을 쓰다가 파란색을 쓰고, 조금 지나서는 녹색 등등으로 바꿔 가며 칠하곤 했습니다. 빈틈을 하나하나 메워 나갔고 마침내 그림이 완성되었습니다. 꼬박 일주일이나 걸렸지만 어쨌든 완성했고, 그림도 아름다웠습니다. 바로 이것이 그 단어의 핵심적인 의미입니다.

지도자는 오해의 여지가 있는 여러 원리를 간단하고도 명료하게 가르쳐 주어야 합니다. 또한 사람들이 하나님의 약속을 믿는 믿음에서 견고해지도록 세워 주며 스스로 성경을 공부할 수 있도록 가르쳐 주어야 합니다. 빈틈이 있는 곳이면 어디든지 그 빈틈을 메우기 위해 필요한 모든 조치를 취해야 합니다.

히브리서 11:3에는 '카타르티조'의 또 다른 의미가 나옵니다.

> 믿음으로 모든 세계가 하나님의 말씀으로 지어진 줄을 우리가 아나니, 보이는 것은 나타난 것으로 말미암아 된 것이 아니니라.

여기 '지어진'이라고 표현된 말이 '카타르티조'입니다. 그 의미는 '가지런히 배열하다, 올바른 순서대로 두다'라는 뜻입니다. 태초에 세상은 형체가 없고 공허했습니다. 혼돈과 공허만 있었지만 하나님께서는 이런 형태도 없고 쓸모없는 덩어리, 엉성한 초벌 재료에 불과한 것을 가지고 자기의 거룩한 계획과 법칙에 따라 완벽한 기능을 발휘하는 완전한 질서의 세계를 지어 내셨습니다.

이는 지도자에게 큰 격려가 되는 사실입니다. 하나님께서 그분의 세상을 그렇게 하셨다면 그분의 백성도 그렇게 하실 수 있습니다. 나는 몇몇 지도자들과 이야기해 본 결과 자신들이 이끄는 사람들을 관찰해 보면 혼돈되어 있고, 쓸모없고, 공허한 삶을 살고 있는 경우가 많다고 했습니다. 하지만 실망하지 마십시오. 하나님의 능력과 지혜, 하나님의 말씀, 하나님의 영으로 말미암아 그들에게 극적인 변화가 일어날 수 있습니다. 혼돈 상태는 뚜렷한 목적을 가진 상태로 전환될 수 있습니다. 무용지물 상태에서 생산력 넘치는 상태로 변환될 수 있습니다.

누가복음에서는 '카타르티조'의 또 다른 뜻을 보여 줍니다.

> 제자가 그 선생보다 높지 못하나 무릇 온전케 된 자는 그 선생과 같으리라. (누가복음 6:40)

여기에 나오는 '온전케 된'이라는 말에는 '성장'이라는 개념이 들어 있습니다. 지도자는 사람들이 그리스도의 은혜 안에서 그리고 그리스도를 닮는 데서 성장하도록 도와야 합니다. 또한 그들이 구주 되신 예수 그리스도와 매일 의미 깊은 교제를 확립할 수 있도록, 그들에게 성경을 읽고 암송하고 또 기도하는 삶을 가르쳐야 합니다. 그런데 이러한 일을 성취하기 위해 지도자가 자기가 가르치는 것에만 지나치게 의존하곤 합니다. 그런데 이 방법은 너무도 흔히 별 효과가 없습니다.

물론 사람들은 다른 사람의 가르침을 받을 필요가 있습니다. 그러나 이것만으로는 부족합니다. 유다서 말씀은 그 빠져 있는 요소를 다음과 같이 첨가합니다.

> 사랑하는 자들아, 너희는 너희의 지극히 거룩한 믿음 위에 자기를 건축하며, 성령으로 기도하며, 하나님의 사랑 안에서 자기를 지키며, 영생에 이르도록 우리 주 예수 그리스도의 긍휼을 기다리라. (유다서 1:20-21)

그들은 하나님의 사랑 안에서 스스로를 지키며 성숙해 가기 위한 여러 방법을 배워야 합니다. 지도자가 그의 사람들로 하여금 스스로 말씀을 탐구하고, 성경 암송을 통하여 말씀을 마음 판에 새기며, 아침 기도와 성경 읽는 습관을 확립하도록 도울 수 있다면, 그는 그들이 하나님께서 원하시는 형상으로 성장하고 계발되어 가는 데에 많은 도움을 주게 될 것입니다.

갈라디아서 6:1에서 '카타르티조'의 또 다른 의미를 발견하게 됩니다.

> 형제들아, 사람이 만일 무슨 범죄한 일이 드러나거든, 신령한 너희는 온유한 심령으로 그러한 자를 바로잡고, 네 자신을 돌아보아 너도 시험을 받을까 두려워하라.

여기서는 '바로잡고'라고 나옵니다. 성령의 통치를 받는 지도자는 방황하는 자를 바로잡고 그가 올바른 길을 가도록 온유하게 방향을 설정해 주어야 합니다. 여기서는 그 단어가 어긋난 뼈를 올바르게 맞춘다는 의학적인 의미로 사용되었습니다. 어긋난 뼈는 제대로 기능을 발휘하지 못합니다. 그리스도 몸 안의 연결마디에서 어긋나 있는 사람은 하나님의 나라 안에서 효과적으로 섬기는 기회를 얻지 못할 것입니다.

한번은 신문에 이런 기사가 났습니다.

교통사고로 세 청년 부상

주립 순찰대의 보고에 따르면 세 청년이 탄 차가 그린 마운틴 폭포 근처의 제방에서 95m가량 밑으로 굴러 떨어져 중경상을 입었다. 랜디 아임스(17세)는 다리가 부러져 펜로세 병원에서 입원 치료 중인데 현재로서는 좋은 상태라고 병원 당국은 말했다.

그때 우리 아들 랜디는 뒷좌석에서 자고 있었는데, 그가 타고 가던 차가 갑자기 길을 벗어나 제방 아래로 몇 차례나 구르면서 떨어진 것이었습니다. 나는 곧 병원으로 달려갔고 마침 의사가 뼈를 제자리에 맞추는 광경을 지켜보게 되었습니다. 의사는 그 일을 올바르게 해낼 수 있는 지식과 기술뿐 아니라 차분함이 있었습니다. 그 이후 몇 주간은 아내와 나에게 아주 귀한 것을 가르쳐 준 기간이 되었습니다. 당당한 체구를 자랑하던 청년이요,

축구장에서는 돌풍이요, 테니스 코트에 서면 호랑이였고, 비탈진 스키장에서는 멋진 묘기를 연출해 내던 그 애였지만, 이때는 무력한 존재였습니다. 그러나 얼마 후 다리 부상이 완쾌되자 다시 움직일 수 있게 되었습니다.

사도 바울이 의미한 바는 바로 이런 것입니다. 그는 이 본문 말씀에서 죄악 된 삶을 계속 뒤쫓아 가는 사람에 대해서가 아니라, 어쩌다 상해를 입은 사람에 대하여 이야기하고 있습니다. 이런 사람은 다리를 절며 힘들어하기 때문에 사랑과 온유와 양선 등 성령의 열매를 맺는 사람의 도움을 받아 건강을 회복한 후 다시 섬기는 일을 시작할 수 있도록 해 주어야 합니다.

히브리서 13:20-21에는 '카타르티조'가 하나님의 뜻과 관련되어 있는 것을 봅니다.

> 양의 큰 목자이신 우리 주 예수를 영원한 언약의 피로 죽은 자 가운데서 이끌어 내신 평강의 하나님이, 모든 선한 일에 너희를 온전케 하사 자기 뜻을 행하게 하시고, 그 앞에 즐거운 것을 예수 그리스도로 말미암아 우리 속에 이루시기를 원하노라. 영광이 그에게 세세무궁토록 있을지어다. 아멘.

"모든 선한 일에 너희를 온전케 하사 자기 뜻을 행하게 하시고." 만일 누가 자기 삶을 향한 하나님의 뜻에 대하여 의심이 있으면 그는 자기가 이룰 수 있는 성숙의 최고 경지에까지 자랄 수 없으며, 또한 최상으로 그리스도를 섬길 수 있는 기회도 주어지지 않습니다. 그러나 하나님께서 자기에게 원하시는 일이 무엇인지를 알고 확신하는 사람은 높은 동기력 가운데 자신에게 필요한 훈련과 교훈을 받아들입니다. 하나님의 뜻을 행하도록 다른 사람을 도울 수 있는 준비가 되어 있고, 그 일을 자원하며, 또한 그 일을 행할 능력이 있는 지도자는 하나님의 나라에 큰 공헌을 하게 될 것입니다. 어떤 사람은 먼저 하나님의 뜻을 발견할 필요가 있고, 또 어떤 사람은 그 뜻을 행하기 위해 준비해야 할 단계에 있기도 합니다. 어떤 경우에는 두 가지가 조화 가운데 동시에 이루어져야 할 경우가 있기도 합니다. 다시 한번 우리는 지도자의 삶에서 분별력과 인내와 기술이 필요함을 실감하게 됩니다.

그러므로 다른 사람에게 자신의 삶에 대한 하나님의 뜻을 분별하고 성취하도록 무장해 주는 이러한 사역에서 탁월한 지도자가 되기를 원하는 사람은 하나님 앞에 무릎을 꿇고 성경 말씀을 펴 보며 깊이 기도하는 시간을 가져야 합니다.

바울은 고린도 성도들에게 보낸 서신에서 '카타르티조'를 다시 사용했습니다. '온전히 합하라'가 바로 그것입니다.

> 형제들아, 내가 우리 주 예수 그리스도의 이름으로 너희를 권하노니, 다 같은 말을 하고, 너희 가운데 분쟁이 없이 같은 마음과 같은 뜻으로 온전히 합하라. (고린도전서 1:10)

이 말씀에서는 신자들의 연합에 관하여 보여 줍니다. 말다툼을 일삼고 시기하며 서로를 의심하는 신자들로 구성된 조직체는 그리스도의 사명을 성취해 나가는 데에 별로 쓸모가 없습니다. 그러므로 예수님께서는 이렇게 기도하셨던 것입니다.

> 아버지께서 내 안에, 내가 아버지 안에 있는 것같이, 저희도 다 하나가 되어 우리 안에 있게 하사 세상으로 아버지께서 나를 보내신 것을 믿게 하옵소서. (요한복음 17:21)

바울의 기도 역시 그들 가운데 분쟁이나 파당이 없이 한마음 한뜻으로 견고하게 연합하길 바라는 것이었습니다. 연합을 이룩하는 것은 쉽지 않습니다. 그것을 유지하는 것은 한층 더 어려울 수도 있습니다. 마귀는 항상 그리스도 안의 형제 자매들 사이를 이간시키려 하며, 그들을 하나님의 목적에 아무런 쓸모도 없는 존재로 만들려고 기회를 엿봅니다. 평안의 매는 줄로 성령의 하나 되게 하신 것을 힘써 지키려면(에베소서 4:3) 수고와 기도와 훈계와 상호 격려가 필요합니다.

마지막으로 고린도후서 13:9 말씀을 살펴보겠습니다.

> 우리가 약할 때에 너희의 강한 것을 기뻐하고, 또 이것을 위하여 구하니, 곧 너희의 온전하게 되는 것이라.

"너희의 온전하게 되는 것이라." 여기서는 모든 면에서 그리스도인으로서의 성품이 계발되고 강화되는 것을 말하고 있습니다.

인내

'카타르티조'는 '장비를 갖추다, 전면적으로 정비하다, 빈틈을 메우다, 순서대로 배열하다' 등의 뜻과 의학적으로는 '관절을 잘 맞추다'라는 뜻이 있습니다. 이 모든 일의 목적은 사람들을 도와 하나님께서 그들에게 맡겨 주신 일을 잘 감당하게 하고, 주님 안에서 그리고 주님의 능력 안에서 견고히 성장하게 하며, 하나님의 뜻을 분별하여 실행하게 하고, 연합된 가운데 살아가게 하며, 또한 경건한 그리스도인의 성품을 계발하게 하는 것입니다.

지도자가 이런 임무를 바라볼 때 두 가지 상이한 관점이 있을 수 있습니다. 즉 절망하며 바라보는 것과 하나님을 의지하며 바라보는 것입니다. 그는 할 일을 보고는 좌절하며 두 손을 떨어뜨릴 수도 있고, 반대로 자신의 한계와 경험 및 지식의 부족 등을 발견하고 "누가 이 모든 일을 감당할 수 있는가?" 하고 물을 수도 있습니다.

사도 바울은 이렇게 말했습니다. "우리가 무슨 일이든지 우리에게서 난 것같이 생각하여 스스로 만족할 것이 아니니, 우리의 만족은 오직 하나님께로서 났느니라. 저가 또 우리로 새 언약의 일꾼 되기에 만족케 하셨으니, 의문으로 하지 아니하고 오직 영으로 함이니, 의문은 죽이는 것이요, 영은 살리는 것임이니라"(고린도후서 3:5-6). 지도자는 하나님을 의지하여 인내하는 가운데 끝까지 자기 임무를 다해야 합니다.

내가 지금까지 보았던 것 중에서 가장 뛰어난 인내의 한 본보기는 피지섬에 있을 때 목격한 것입니다. 아내와 나는 버스를 타고 공항에 가는 길이었습니다. 우리가 좀 늦게 출발하였으므로 운전기사는 승객들을 비행기 시간에 제대로 도착하게 하려고 할 수 있는 최선을 다했습니다. 버스는 덜컹거리며 달리고 깨진 유리창으로는 빗방울이 들이쳤습니다. 그런데 우리가 언덕 기슭에 이르렀을 때 시멘트를 잔뜩 실은 트럭이 앞에서 거북이걸음을 하고 있었습니다. 우리 운전기사는 이 뜻밖의 사태로 적이 당황도 하고 화도 난 듯했지만 어쩔 수 없었습니다. 맞은편에서 오는 차들이 쇄도하고 있었기 때문에 추월하지도 못하고 몇 km를 느림보 트럭 뒤만 따라가야 했습니다. 마침내 차가 좀 뜸해진 찰나에 운전기사는 잽싸게 트럭을 추월했고 다시 덜컹거리며 전속력으로 내달렸습니다. 그런데 곧 운전기사는 길 중앙에 조그만 소년이 교통 표지판을 들고 서 있는 것을 발견했습니다. 소년은 학교 교통 정리원으로 나와서 간간이 차를 세워 어린이들의 등굣길을 안내하는 중이었습니다. 작은 표지판에는 "멈춤"이라고 쓰여 있었습니다. 그러나 우리가 탄 버스의 운전기사는 결코 차를 멈출 기분이 아니었습니다.

소년은 차가 전속력으로 질주해 오는 것을 보고 길 옆 도랑으로 급히 도망치려고 하다가 의무감 때문에 다시 제자리에 돌아와 질주해 오는 버스를 향해 마주 섰습니다. 운전기사는 마지막 순간에 자신이 이기지 못할 것을 알고 브레이크를 콱 밟았습니다. 버스는 미끄러지면서 멈춤 표지판 앞에서 간실히 멎었고, 학교 어린이들은 안전하게 도로를 건널 수 있었습니다. 운전기사는 끝까지 인내심을 발휘했고 의지의 시험을 이겨 냈던 것입니다. 그래도 우리는 시간에 꼭 맞게 공항에 도착해 비행기를 탈 수 있었습니다.

보상

나는 이 점을 여러분에게 분명히 이야기해 두고 싶습니다. 다른 사람으로 하여금 그리스도를 위해 온전한 사람이 되어 자기의 최선을 다하도록 무장하여 주는 일은 어렵고 많은 수고가 따르며 때로는 인정을 받지 못할지도 모르지만, 이 일은 틀림없이 그만한 가치가 있습니다. 몇 년 전 오키나와섬에서 열린 군인 수양회에 강사로 갔을 때, 나는 이 진리를 가슴속 깊이 깨닫게 되었습니다. 그곳 군목은 우리 모임을 위해서 전에 레이더 기지로 사용되다가 지금은 비어 있는 곳을 마련해 주었습니다. 그때까지 이곳에 사용 허가를 받은 종교 단체는 하나도 없었습니다. 보그스 군목은 우리를 위해 그 장소를 확보하려고 몇 달 새 전화를 1,000번 이상이나 하며 많은 수고와 시간을 들였습니다. 토요일 아침 그는 수양회에 나와서 그가 그토록 우리를 위해 힘써 준 이유를 이야기해 주었습니다.

몇 년 전 그는 캔자스주의 포트라일리에 배치되어 복무하고 있었는데, 하루는 사병 두 명이 사무실에 찾아와 그의 일을 돕고 싶다고 말했습니다. 그들은 막사 내에서 복음 전하기를 원했고 성경공부 그룹을 만들고 싶어 했습니다. 군목은 기뻤습니다. 몇 주 지나자 19명이 함께하게 되었고, 마침내 전에는 자리가 반쯤 빈 채로 일요일에 한 번 예배 시간을 가졌는데, 이제는 빈자리도 없이 일요일에 예배 시간을 두 번이나 인도하게 되었습니다. 얼마 후 그 부대는 베트남으로 파견 명령을 받게 되어 항해하던 도중에, 그 두 젊은이가 다시 그에게 찾아와서 자신들이 성경공부를 인도해도 되겠느냐고 문의했습니다. 군목은 먼저 함장에게 여부를 물어 확인한 후 허락을 얻어 냈습니다.

1년 후 보그스 군목은 귀국하게 되었는데, 한 목사님이 그의 사무실에 찾아와서 책상 위에 편지 세 통을 꺼내 놓았습니다. 그 편지는 목사님의 아들로부터 온 것이었습니다. 각 편지의 내용은 이러했습니다.

"사랑하는 아버지, 같은 배에 타고 있는 몇몇 친구들이 저를 성경공부에 초청했습니다. 저는 여기에 참석할 생각인데, 아버님께 기쁨이 되리라 믿습니다."

두 번째 편지에는 이렇게 적혀 있었습니다. "사랑하는 아버지, 우리는 지금 베트남에 와 있습니다. 그리고 저는 네비게이토 성경공부 그룹을 하나 인도하고 있습니다."

세 번째 편지는 이러했습니다. "사랑하는 아버지, 내일은 대규모 작전이 있습니다. 다시 돌아오게 될지 모르겠습니다. 만일 돌아오지 못하면 네비게이토 형제들과 보그스 군목님께 감사하다고 전해 주십시오." 그의 아버지는 보그스 군목에게 자기 아들을 위해서 장례식 고별 설교를 해 줄 수 있겠느냐고 물었습니다.

이 이야기를 들려준 후, 보그스 군목은 우리에게 다른 사람들을 그리스도의 일꾼이 되도록 무장하여 주는 일에 우리의 삶을 헌신하라고 간곡히 권했습니다. 이는 그가 포트라일리에 있을 때 자기에게 찾아왔던 두 젊은이를 주님께서 어떻게 쓰셨는가를 보아 왔기 때문입니다. 하나님께서는 그 두 젊은이를 사용하셔서 그의 채플 예배를 부활시키셨고, 많은 사람들이 스스로 말씀을 공부하도록 고무하셨으며, 또 그 목사님의 아들 경우에는 주님과의 교제를 회복하도록 하신 것입니다. 이 모든 것은 전에 언젠가, 이렇게 풍성한 열매를 맺은 두 젊은이를 위해 자신의 삶을 투자한 사람이 있었기 때문입니다. 나는 보그스 군목의 이야기를 죽 들으면서, 그의 이야기 중에 나오는 두 사병이 전임 사역자로서의 그리스도인 일꾼이 아니라 다만 평범한 사람들인데, 누군가가 그들을 무장하여 주었고, 그들은 그때 자신에게 맡겨진 사명을 다했다는 사실에 큰 감명을 받았습니다.

나도 똑같은 말로 권면하고 싶습니다. 이 세상에 필요한 한 가지가 있다면, 그것은 영적 자질을 온전하게 갖춘 자로서 사람들을 그리스도께 인도하는 일을 능숙하게 할 줄 알고 다음 사항을 잘 알고 있는 일꾼입니다.

❖ 사람들이 날마다 그리스도와의 교제를 통하여 믿음 안에서 성장하도록 돕는 법.
❖ 다른 사람에게 성경을 공부하는 방법을 가르치는 법.
❖ 성경을 암송하는 법과 다른 사람을 격려하여 성경을 암송

하도록 돕는 법.
- ❖ 기도하는 법과 다른 사람이 활력 있게 기도 생활을 하도록 돕는 법. 그리고 기타 영적 삶에서 기본적인 것을 행하도록 돕는 법.

그러나 한 가지 경계하며 명심해야 할 사실이 있습니다. 이는 지도자인 당신이 모본을 보여 주어야 된다는 점입니다.

이렇게 당신의 삶을 사람들에게 헌신할 때, 당신은 사람들에게 최고의 동기력과 사기를 북돋아 주는 지도자가 됩니다. 나아가 당신의 삶을 전 세계의 추수터에 보낼 일꾼들을 무장하는 데에 값지게 투자하게 될 것입니다.

추수할 것은 많되 일꾼이 적으니. (누가복음 10:2)

다른 모든 그리스도인들과 마찬가지로 당신에게도 결단하는 일이 남아 있습니다. 당신은 다른 사람들이 일하는 모습을 바라만 보는 구경꾼이 될 수도 있고, 추수터에서 일하는 대열에 동참하는 하나님의 일꾼이 될 수도 있습니다. 어느 쪽에 당신의 삶을 투자하시겠습니까?

동기를 부여하는 지도자

초판 1쇄 발행 : 1983년 8월 10일
3판 1쇄 발행 : 2024년 7월 25일

펴낸곳 : 네비게이토 출판사 ⓒ
주소 : 03784 서울시 서대문구 연희로 16 (창천동)
전화 : 334-3305(대표), 334-3037(주문), FAX : 334-3119
홈페이지 : http://navpress.co.kr
출판등록 : 제10-111호(1973년 3월 12일)
ISBN 978-89-375-0654-3 03230

본 출판사의 서면 허락 없이는 본서의 전부 또는
일부의 무단 복제, 또는 원문에 대한 무단 번역을 금합니다.